市南教育·课程与教学改革丛书

JUE CHA XING DONG GAN WU

觉察 行动 感悟

——中学心理健康教育生活化案例教学实践

松 梅 主编

中国海洋大学出版社

·青岛·

编委风采

松梅：青岛市市南区教育研究中心教研员，心理咨询师、心理督导师，山东省心理健康教育兼职教研员，山东省基础教育教师培训专家，全国心理健康教育先进个人，山东省心理健康教育先进工作者，山东省心理健康教育研究会理事，青岛市心理学会理事，青岛市青少年心理健康研究会副秘书长，青岛市基础教育学科指导委员会委员，青岛市教学能手。曾主编中小学《心理健康教育》教材6册，担任《孩子，我们有多爱你》一书的副主编。

刘倩：青岛七中刘倩心理名师工作室主持人，山东省心理健康研究会理事，国际注册心理咨询师，二级心理咨询师，高级沙盘游戏治疗师，国际潜意识图像卡治疗师。青岛市心理中心组成员，市南区兼职教研员，青岛关爱心理热线督导，青岛市沙盘学会顾问，青岛报业集团、青岛电视台多栏目心理专家，李沧区人民法院特聘心理专家，山东省心理健康教育先进个人。

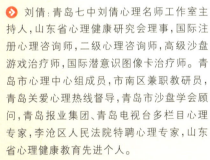

于明东：心理咨询师，青岛第五十九中学专职心理教师，中德第一期系统式家庭治疗督导师，国家心理咨询师考试培训师，青岛市家庭教育讲师团首席专家，青岛市信访工作心理干预专家组成员，共青团中级心理辅导员。中国第一届人际沟通分析培训顾问及心理治疗者，完成TA及叙事治疗长程训练，参加过系统的行为治疗、荣格心理学训练，拥有丰富的咨询、督导及培训经验。在诸多学校服务中，提供个体咨询与团体咨询，深层次地激发个人和团体成长的动力。近年来，从事专注于研究TA以及叙事治疗理论在家庭教育、心理咨询和企业人际互动中的应用，减少人际关系冲突获得正能量，促进家庭学校和企事业单位内部沟通顺畅。

程秀灵：祖籍山东郓城，研究生学历，中国人民公安大学应用心理学专业毕业，中学专职心理辅导教师，中学一级教师，国家二级心理咨询师。多年来学习并掌握多种心理辅导技术，尤其擅长系统排列，并大胆创新把系统排列的理念和活动方式成功应用到学校心理课堂教学及对师生心理辅导工作中；多年的专职心理健康教育工作经历，积累了丰富的心理辅导经验。人生的愿景：能够为更多孩子的健康成长和更多家庭的幸福服务！

崔秀玲，女，教育硕士，国家二级心理咨询师，一线心理教师，青岛市心理健康学科带头人，市心理健康中心组成员，市"关爱心理热线"聘任专家，市咨询师协会会员。先后执教区、市、省级优质课，均获一等奖，多次执教省市、级公开课、城乡交流课。多篇教案被收录并出版，参与编写《生命教育》教材。

江晶，青岛第二十六中学专职心理教师，曲阜师范大学应用心理系毕业。从教以来一直工作在心理教学第一线，具有扎实的心理学功底和丰富的个案咨询、团体辅导、心理教学经验。以温暖、尊重和接纳的态度对待每一个学生。在心理教学中，带给学生潜移默化的渗透，鼓励他们将课堂学习到的知识，用到生活当中，构建自己的快乐生活。

胡英，青岛第五十一中学专职心理老师，心理健康教育方向硕士研究生，国家三级心理咨询师、中级中小学心理健康辅导员。有着扎实的心理学功底和丰富的个案咨询、团体辅导、心理教学经验，2012年5月成功开设了青岛市研究课，2016年5月在市南区心理优质课比赛中获初中组一等奖，多次在青岛市心理教研中作经验交流。

教学研究 心理活动剪影

沙盘操作技能研讨活动
松梅心理教研员及骨干教师进行"觉察 行动 感悟教学法"的演示

举办市南区初小心理健康教育研讨会,实施"觉察 行动 感悟教学法"

2015 年 4 月,在全国心理健康教育工作论坛上,松梅作为教研员代表发言

市南区"觉察 行动 感悟心理教学法"在市南区教育研究中心进行工作交流

将心理健康教育与班主任培训相结合,让每一个班主任都学会从心理角度理解学生的技能

市南区教师运用"觉察 行动 感悟心理教学法"在山东省中小学心理健康教育实施途径专题研讨会上进行课例展示

学生 心理活动剪影

❤ 山东省青岛第五中学初一同学进行考前心理辅导

❤ 基于培养学生核心素养的课程整合
——市南区心理健康教育和道德与法治学科课程整合暨初小衔接研讨会

❤ 迈好中学第一步
青岛第二十六中学新生入校培训

❤ 成长路,我们一起走
青岛第二十六中学进行心理初小衔接体验活动

◀ 发现自我,相互陪伴;助人自助,共同成长
青岛第五十一中学"朋辈心理导航员"小团体辅导活动之沙盘里的奥秘

▶ 你的能量超乎你想象
青岛第五十一中学"我就是我"心理课上同学们成功挑战"八抬大轿":用八根手指抬起了一个同学

▼ 你,我,他,她,一起走进心理课堂!
山东省青岛第五十七中学"破冰之旅"小组展示

▲ SHOW出你自己,你的能量超乎想象!
山东省青岛第五十七中学"优点大轰炸"小组活动

⌃ 青岛银海初中开展的心理活动——曼陀罗之旅

⌃ 青岛银海初中学生绘制的曼陀罗图画

⌃ 青岛银海初中开展的心理活动——极速60秒

 爱的交流
山东省青岛第七中学教师成长心理沙龙活动

 静静地守护与陪伴
山东省青岛第七中学每周举办一次的心理社团活动

 感谢自卑，拥有自信
青岛第二十四中学心理教师举办市南区心理健康
教育公开课

 爱在我家
青岛第二十四中学市南区中小学心理健康辅导员培
训示范课

打造优质教育　品味美好生活
（代序）

　　教育既是培育人才、促进经济成长、引导社会进步、传承与创新文化的基础性工程，又是开启生命发展无限可能的桥梁，同时还是提高人的素质、促进人的全面发展、提升人的生活品质的摇篮。所以，加强内涵建设，积极提升教育品质，是我们每一位教育工作者的责任。在我看来，教育应当是充满关注生命气息的、能够让生命的活力充分涌流的、能够让智慧之花尽情绽放的教育，使学生、教师、学校、社会、家庭以及他们各自构成的系统之间具有良好的教育生态关系的教育。从这个意义上来说，优质教育是促进学生自主发展、和谐发展、有个性的发展和可持续发展的教育，是促进社会持续、健康、和谐、快速发展和进步的教育。

　　优质教育源自前瞻的教育理念，优质教育源自开放的国际视野，优质教育源自丰富的生活内涵。优越的办学设施和科学的教学管理能体现学校的品质，优秀的师资队伍和优质的服务理念能彰显教育的品质，优化的课程设置和精致的活动安排能看到管理者和教师的人品。所以，追求优质教育，让教师、孩子们享受优质教育并以此奠基幸福人生为目标，是高品质教育的执着追求。

　　我们的教育管理工作时刻面临着选择。打造优质的教育必须选好目标，定好方向，建立科学、规范、民主的管理体制，建立健全、公正、合理的利益调整机制和激励机制，通过规范、科学的管理来提高教育质量、增强教育品质。

　　青岛市市南区的领导和老师们基于提升学生的核心素养进行了一系列改革，出发点和落脚点都是学生，关爱学生的健康成长，培养学生的优良品质。培养品质优良的学生，学校必须关注学生的健康成长，提升学生的生命质量，让每一位学生都生活在洁净的蓝天下，让每一位学生都沐浴在希望的阳光里，让每一位学生都成长在快乐的学习中；让能飞的孩子飞得更高，让能跑的孩子跑得更快，让能走的孩子走得更远，努力发挥教育满足社会需求与引领社会进步的双重功能，促进学生主动、和谐、全面、健康地发展。教师在关注教学质量的同时，更有责任和义务引导学生"学会认知、学会做事、学会共同生活、学会生存",培养负责精神;要教育学生懂得关心别人、有责任心、尊敬别人、信任别人以及认识家庭的重要性,让学生感受到学校是一个充满爱心的地方;要通过言传身教引领学生形成传统美德,使他们知道具有这些美德是非常有意义的。培养有朝气、有爱心、有活力、有能力的学生,让学生能怀着一颗博爱之心和充满责任感走出校门,这才是优质教育的诉求。

在创建优质教育学校的过程中,要注意以下三个方面。一是激发家长的教育潜能,提升家庭的教育品质。教育不仅仅是学校一方的责任,社会、家庭也应重视对学生的品德教育,并在各个方面支持、配合学校教育,要努力构建学校、家庭和社会密切结合的大教育网络,创设良好的社会环境。良好的学校教育是建立在良好的家庭教育基础之上的。学校与家庭之间,是教育的合作伙伴关系。随着社会的发展,每个家长的教育意识在不断提高,参与学校教育的积极性也在不断增强,他们强烈地认识到作为父母培养下一代接班人的责任和义务,把学习家庭教育理论和方法作为自己终身学习的一个必不可少的内容。作为教育工作者应当看到这种发展趋势,了解家长们学习的愿望,并积极创造条件满足他们学习的需求,激发他们的教育潜能。二是帮助教师理解优质教育的内涵,构建良好、和谐的师生关系,促进学生的主动发展;以德育为核心,以培养创新精神为重点,树立以学生为本的教育观。三是实行人性化管理,关注每个教师的生命质量,让教师更幸福地工作,以学校为家,以学校为荣,为自己的学校奉献,焕发出生命的光彩。关注每个教师的个体需求,提供和创设机会让教师像池子中畅游的小鱼和天空中自由飞翔的小鸟一样感到舒适。

在创办优质教育的过程中,优质教育的品牌就会自然形成,在社会上的认可度就会进一步提升,教育的形象也就会进一步树立起来。

本系列丛书,展示的是青岛市市南区的教育以上述思想为主线,创办优质教育所留下的踏踏实实的脚印。"靡不有初,鲜克有终",就在一步一步的攀援中,在一点一滴的反思中,在一次一次的创造中……终有一天,我们会到达理想的顶峰。

怀揣着梦想,我们走在路上!

是为序。

青岛市市南区教育体育局党委书记、局长　王轶强

2017 年 11 月

前言 Preface

2016年9月，《中国学生发展核心素养》总体框架正式发布，成为深化课程改革、变革育人模式、提高教育质量的重要抓手。

追溯至2009年，青岛市市南区心理健康教育开始了"觉察 行动 感悟"参与体验式教学法的探索，在心理健康教育的课程建设方面进行了学习、规划和实施，在区域心理健康教育的课程价值、课程规划、课程开发、课程设置及课程管理进行了整体性的课程领导。积极发挥课程的整体育人功能，关注课程改革的目的、意义，强调愿景性、民主性、合作性、建构性和批判反思性。从个体领导到多元参与，教研员作为引领者、支持者、协调者和组织者，着力建构一个注重民主、合作与分享的课程共同体，推进区域内心理健康教育教师课程领导力的落实。为教师参与课程领导提供民主、开放、协力、合作的氛围，组建强有力的教师研究团队。每个团队聚焦一个领域，不同的领域分布整个市南区，在成就每个教师的同时，增强团队的力量，体现课程利益相关者共同参与和协作，将各方的课程领导力统一起来，找到提升课程领导力的有效途径，从而引领学校课程时间及组织形态的变革与发展。

良好的心理素质是人的全面素质中重要组成部分。中学生正处在身心发展的重要时期，伴随着青春期的到来，生理、心理及思维方式等的变化，特别是面对社会竞争的压力，他们在学习、生活、人际交往、升学就业和自我意识等方面，会遇到各种各样的困惑和问题。只有拥有健康的身心才会有自发性和创造力，才会成为国家未来的创新人才和栋梁。

青岛市市南区素来重视学生的心理健康教育工作，把培养学生的全面发展和身心健康放在首位。编委会委员全部是市南区倾心培养的专业强、素养高的心理健康教育骨干教师，是市南区中学心理健康教育领域的主力军。

本书系统性、指导性强，活动设计切合中学生实际生活。内容安排细致入微，是多年心理健康教育课程建设成果的结晶。

本书具有以下几个方面的显著特点：

第一，体系全，突出原创。

本书对心理活动概括得非常全面，其独特之处在于每一个活动的每一个细节都写得非常详尽。在每个章节前均有引言，提纲挈领，将本章内容高度提炼。书中不少心理活动并不是全新的，它们是对一些经典心理活动的重现。但是这种重现并不是简单的照搬，而是一线中学心理教师在多年实战经验基础上的创新、改造和完善。所以，我们看到书中的部分活动似曾相识却又十分新鲜。此外，本书中还加入了更多适用于班级团体心理训练的原创性活动。这些活动有利于开阔读者视野，提升心理活动课水平，对改进心理健康教育模式有十分重要的示范和引领作用。

第二，内容精，形式新颖。

全书分六大版块主题，分别为环境适应、自我发展、情绪管理、人际关系、学习能力和生涯规划。每个单元板块又精选了6个课题，全书共36个，含"课程素材""课程设计""行动感悟"和"生活化瞭望"四个部分。

课程形式新颖、多元化，如心理测量、心灵绘本、心理互动、心理训练、绘声绘影、专业推荐等，每一部分内容都做到了最大化精简，力求少而精，生动有趣。伴随着中小学心理健康教育工作的发展，以班级为对象开设心理辅导课的意义为更多学校所认可。通过收集一些未经提炼和加工、有一定代表性的生活素材，将其整合加工成符合某一特定主题的心理健康教育课的案例素材，通过案例素材设置问题，从而为心理健康教育课堂的开展提供必要的载体。引导学生体验和感悟，引发他们产生情感共鸣，促进心灵成长。

第三，实操性、指导性强。

本书根据中学生不同阶段的成长特点，有针对性地设计了生活化辅导方案。根据中学生的发展阶段突出不同的辅导主题。同时重点介绍了辅导的规则和流程，让辅导老师很容易学习和使用相关技术，对于普及中学心理健康教育，提高辅导质量和覆盖面,意义非凡。

第四,专业性、实效性强。

本书突出了表达性团体心理辅导的特点,如绘画疗法、音乐疗法、心理剧等都是表达性心理治疗的常用技术。这些技术的最大优点在于让学生在不同表达形式过程中释放情绪能量,得到领悟和成长,从而协调身心的平衡和健康。这些表达性心理辅导的方式让孩子们更容易接受,既好玩又有效果,非常适合如今压力和焦虑越来越大的学生群体。

希望本书的出版能对推动学校的心理健康教育工作,对学生身心和谐发展有所裨益。

松 梅

2017 年 5 月

目录 Contents

学会成长　学会幸福(代后记)

第一单元 环境适应

初中与小学存在着真实、具体的差异,如学习环境的变化、学习方法的变化、人际关系的变化,都考验着这群初入中学少年们的环境适应能力。由于每个学生有着不同的成长经历,因此他们在适应环境方面的能力参差不齐。因为,我们设计了本单元课程,旨在帮助初中生尽快投入并感受丰富多彩的初中生活。本单元的课程包括:

1. "初中,我来了"针对七年级新生的适应不良问题,通过引导学生参与一系列课堂活动,使学生尽快完成小学生和初中生的角色转变,体会自己在班级中的地位和作用,建立起对新环境的归属感。

2. "新集体　新的我"让学生在轻松的互动中认识新成员,体验新班级的温暖、集体合作的力量,从而激发他们积极融入新集体,热爱新班级。

3. 从小学到初中,不论是在校时间还是闲暇时间有很大变化。时间承载着所有事物的发展历程,承载着人们对美好生活的向往,它极易流失,弥足珍贵,但它也是可以规划和管理的。"我的时间我做主""业余生活　助我成长"分别从日常时间管理和业余时间管理两个角度,引导学生认识到时间的短暂性,激发学生进行时间管理的积极性,并学习时间管理的方法。

4. 网络作为一种工具已深入到生活学习与工作的方方

面面。它在给人们生活带来便利的同时,也带来了一些问题。如何引导学生正确认识并使用网络,针对这一话题,本单元设计了"我的 e 生活",旨在引导学生在活动中、讨论中找到正确使用网络的方法,趋利避害,真正为我所用。

5. 随着物质生活的改善,越来越多的学生开始"富起来",他们拥有的零用钱越来越多,他们都是如何分配的呢?为了引导中学生合理利用零用钱,本单元设计了"怎样使用零用钱"一课,旨在从小培养中学生节俭的意识和理财的能力。

初中，我来了

课程素材
KECHENGSUCAI

【锦囊妙计】左手握右手

1. 请学生伸出双手，两手分离，五指张开，然后快速将五指交叉紧握在一起，观察哪只手的拇指在上，此时有什么感觉。

2. 然后，请学生将两手分开，重新交叉五指，并有意识地使另一只手的拇指放在上面，请学生体验并分享此时的感受。

3. 接下来请学生继续重复几遍第二种双手交叉动作，体验并分享此时的感受。

做完这个左手握右手的小游戏，让学生谈谈有什么感受和想法？

此活动适应范围：新环境适应，习惯养成等主题活动。

课程设计
KECHENGSHEJI

【课题】初中，我来了

【适用年级】七年级

【主题背景】

学生进入初中，是件值得欣喜的事情，但在他们适应初中学习生活的过程中，需要家长和老师给予及时和适当的引导。七年级新生因为初中生活与小学生活的差异，如生活节奏、教师风格、学习要求等方面的不同，容易出现对学校生活的不适应现象。本节课针对七年级新生的适应问题，设计系列活动，旨在帮助学生尽快完成小学生到初中生的角色转变，体会自己在集体中的地位与作用,建立起对新环境的归属感。

【活动目标】

1. 了解初中生活与小学生活的不同:生活环境、学习要求、人际关系。

2. 通过练习寻找"适应"新事物的方法。

3. 培养主动适应新环境的意识。

【过程与方法】

 活动导入

同学们,初中生活已经开始了,你对初中生活有哪些新的感受?这节心理课我们就来探讨一下如何更好地适应新的初中生活。

心理小故事:迷糊的小猫

心理学家将一只小猫放进一间背景全是竖线条的生活空间里,让它们自由自在地生活了一段时间,然后又将它们放进一间全是横线条的生活空间里,结果这只小猫东倒西歪,站不稳了。这个小实验给你什么启示?

环境的变换会导致不适应情况的出现,小动物如此,我们人类呢?

心理小游戏:左手握右手(活动规则见锦囊妙计)

做完这个左手握右手的小游戏,你有什么感受和想法?

我们已经习惯了小学六年的学校环境、学习科目及学习方式,对小学的老师和同学也很熟悉,就像我们刚才游戏的第一步,习惯了左手(或右手)的大拇指在上面。进入初中后,我们会遇到新的学校环境、学习科目及学习方式,以及老师和同学,就像我们游戏的第二步给我们的感觉一样。很多事情刚开始做的时候,可能会不舒服,甚至有些别扭,但当我们主动尝试、不断重复的时候,就会慢慢适应,这需要一个过程。当我们不断重复的时候,就会逐渐适应了。希望今天这节心理课能让大家找到上初中的感觉,在下课的时候能大声对自己说:"初中,我来了!"

二 寻找之旅

1. 初中生活刚刚开始,同学们对小学生活还有着清晰的记忆,有着深深的眷恋。请与同学们分享一下小学生活留给自己的深刻印象。

2. 现在我们已经步入初中新生活,让我们来找找初中生活和小学生活的不同吧!

填表：

发现我的"新"初中

	"新"初中	小学
环境		
老师		
同学		
学习科目		
其他		

3. 小组交流：我们的"新"生活。

同学们，当你们坐到新的教室里，面对着新的老师、同学，开始新的初中生活时，一定有很多话想说，那就让我们一起来谈谈吧！

同学们，相比之下，初中的生活更有挑战性，这不正说明你已经长大了，需要担当的责任更多了，具备的能力也更强了吗？其实，不管是初中还是小学生活，当我们回顾的时候，都会使自己感到这是一段宝贵的人生经历。

4. 面对新的初中生活，小组探讨要重复"什么样的新动作"。

有人说，一个人把一个"新"动作连续重复很多遍就会使其变成一种习惯性动作，也就是说，连续重复就会形成一个新习惯。现在我们一起探讨一下，这个"新"动作是什么？

（1）每个小组准备一张 A3 的纸，一支笔，把小组"探讨"的结果写（或画）在纸上。

（2）推选一位同学代表本组在全班交流。

5. 写一段文字谈谈进入中学的感想。

 感悟归纳

根据学生的交流，教师进行归纳总结：

（1）积极主动，行动起来：要想快速适应初中生活，同学们不能什么也不做，必须积极行动起来。

（2）在刚刚步入初中生活的时候，同学们也许的确不知道自己该做些什么、能做些什么，但只要大家好好把握自己、积极寻求别人的帮助，一定会找到自己所属的位置。

同学们，还等什么呢？来吧，行动起来吧。大声说："初中，我来了！"

实践反思
SHIJIANFANSI

本节课针对入校新生量身定做，有很好的适时性和针对性。"左手握右手"的活动分三步，这三步给我们的感觉是：舒服—不舒服—逐渐舒服。这节课的设计是根据这三种感觉分别找出对应：寻找不同—寻找共鸣—寻找方法。在这节课中让学生发现原来别人和我一样，都面临着适应新的初中生活的问题，大家都处在同一起跑线上，这样就不会感到特别焦虑，有了一个好的心态，更容易融入新的环境中。

在游戏环节，学生由一个简单的手指交叉动作体验到原有动作到新动作的转变，适应需要一个过程，简单易行，从而使学生体会到适应环境既不困难也不高深，只要参与其中积极体验就可以实现。

教学中应注意增强趣味性，寓教于乐；教学语言要力求诙谐幽默，激发学生的学习积极性，拉近师生情感联系，增强教学的亲和力。

生活化瞭望
SHENGHUOHUALIAOWANG

（一）初中生的入学适应

入学适应不良是初中生常见的发展性心理问题，主要表现为：产生情绪障碍，出现焦虑、恐惧、抑郁、孤独等不良情绪；自我评价下降，产生自卑心理；注意力不集中，学习兴趣丧失，学习成绩下滑；出现行为问题，经常违反校规校纪，出现攻击或退缩行为等。

到了初中，人际交往范围发生了较大变化，大家来自不同学校，彼此陌生，这时很多人会感到孤独，想念过去的同学，这都是正常的心态。要摆脱这种不良状态，就要积极主动去熟悉新的班级和同学。"初来乍到，也许一个熟人也没有，会感到孤立无援，但想一想，大家不都一样吗？大家都没有朋友又都渴望交友，因此可以主动一些，大胆和同学搭话，热情为班级做事。比如，问问同学叫什么，然后把你介绍给他；同学缺少什么，可以借给他；老师要发新书了，积极去帮忙；值日表还没有排好，主动去清扫卫生……无形之中就和同学、老师'混'熟了，越来越融入这个新集体。朋友多了起来，陌生感自然会逐渐消失。"

（二）如何增强心理适应能力

（1）增强自信心。

每个人到了一个陌生的环境，都需要经过一个适应的过程，只不过有的人适应得慢些,有的人适应得快些。正因为我们适应得慢,就更要积极主动地适应,而不能逃避,不能总是向自己原来的同学、老师诉苦,抱怨。与原来环境差别本来就存在,没有什么好抱怨的,关键是如何更好地适应,这就需要我们积极地与新同学、老师交流,参与活动;否则,我们适应的速度就更慢了,也就会影响我们日后的学习与发展。

（2）进行积极的心理暗示。

适当的发泄、抱怨是可以的,但过多的抱怨只会增加厌学情绪,使学习效率下降。因此要调整情绪,学会积极暗示:我能行,我能完成。

（3）加强意志力锻炼。

害怕课前演讲,就偏要演讲;坚持跑步,如果只能跑两圈,就每天多跑半圈,一点一点来;自己本来歌唱得很好,这次砸了,下次找机会还要唱……坚持不了的事情,我们可不可以要求自己再坚持一会儿,再坚持一会儿,慢慢地你会发现自己就习惯了。

其实,很多时候我们很在意自己的表现在别人心中会形成什么样的印象,对自己期望过高的不是别人而是我们自己。设想你是一个很羞怯的人,别人不会期望你有激情的表演,所以你表现一下自己对别人来说就是一个意外了,所以去做、去坚持,你的意志力就会慢慢地增强起来。

（4）合理期待。

还有些同学因为遭遇挫折而不敢尝试,觉得只要不去做,别人就不会笑话自己。这样虽暂时没有烦恼,但时间一长,别人自然会认为你什么都不行,把你当成透明人,这会使自己的心情更不好;更何况什么都不做,那我们怎么生存呢?

（5）呼吸调整法。

当自己变得慌张起来时,可以通过调整呼吸的方法缓解紧张情绪。

青岛第二十六中学　江　晶

新集体　新的我

课程素材

KECHENGSUCAI

【锦囊妙计】

 滚雪球——我记得你

小组成员自己选定一人开始,顺时针介绍自己的名字。第一个人说:我是××(某种特点)的某某某;后面的人把前边所有人的名字和特点都说一遍,然后再介绍自己,句式是:我是什么样的某某某的旁边的什么样的某某某旁边的……

 盲目的哑巴——我来帮助你

活动过程:每人一个眼罩套在头上,老师在每个参与者脑后插一张扑克牌,要求所有的人在不说话的情况下,按照扑克牌的花色分组并按顺序排列。面向老师,站成一排。

课程设计

KECHENGSHEJI

【课题】新集体　新的我

【适用年级】七年级

【主题背景】

七年级新生刚入校,与小学的老师、同学分离了,让他们产生了分离焦虑——他们往往怀念甚至沉溺在原来的学习环境和人际关系之中,这在很大程度上影响了他们感受新环境、新集体的积极性。本课通过一系列"破冰"

活动、让学生在轻松的互动中认识新成员,提高对集体的认同感,融入新集体中来。好玩有趣的互动活动,不仅增加了学生相互交流、接触的机会,稍有难度的任务要求也让学生体验到集体的力量、合作的意义,从而激发了他们融入集体的积极性和集体中的自我认同感。

【活动目标】

1. 促进相互认识,快速适应学校及班级生活,融入新集体。

2. 加强班级凝聚力和学生之间信任感的形成。

3. 培养合作意识及协调能力。

【学具准备】

按学生人数每人一个眼罩,扑克牌三幅,空白粘贴纸,彩笔,自制小奖品。

【过程与方法】

同学们,希望大家从今天开始相互之间更加熟悉、互相信任。我们这节课的要求是:积极参与、认真倾听、真诚表达、相互宽容,大家能做到吗?

 破冰游戏——遇到你真好

教师双掌上下交错活动,要求学生在老师双掌相遇时击掌一次。老师手掌上下活动由慢而快,学生需要集中注意力紧跟节奏。

活动结束后,请学生谈感受,教师适当回应。

 游戏分组——我们在一起

全班学生围成一圈并走动起来。教师随机报出数字,学生快速组成由老师喊出的数字构成的团体。教师多次变换报出的数字,让学生多与不同的同学相遇,在每次组建起来的新团体中,认识更多的新同学。最后,教师根据全班人数统筹分组,报出一个数字,让学生随机形成小组。

学生在奔跑中和不同同学组成大小不一的小组,增加了认识对方的机会,学生在小组组建时的相互帮助会大大增加对彼此的好感。

 滚雪球——我记得你

活动规则见"锦囊妙计"。

小组内成员全部介绍完后,教师随机请学生尝试说出其他同学的名字和特点,检查记忆效果。对一些学生没被记住名字这一现象,教师通过与同学们问题互动作回应:怎样的介绍会让我们记忆犹新?

学生回应,教师总结、板书:

1. 声音洪亮、自信。

2. 特点真实、独特。

3. 与他人有互动,如微笑、抬头、眼神交流。

4. 在别人复述的时候认真跟着听、记。

 盲目的哑巴——我来帮助你

活动规则见"锦囊妙计"。

活动结束后,全班一起讨论、总结活动过程,教师设置具体问题,如:

一开始你知道自己的牌是什么吗?后来是怎么知道的?

在你们小组完成任务的过程中,你发挥了什么样的作用?

对刚才发生的这一切,你有什么样的感受?你的收获是什么?

学生自由发言,教师适当引导、总结:

同学们刚入新初中,组建新班级,与以前的老师、同学分开。这种分离让我们感觉孤独、害怕,很多同学甚至因此拒绝接受新同学、拒绝融入新班级,让自己陷入更大的孤单和无助中。其实到新环境、新集体中,出现不适应的现象是正常的,如果接受并允许自己用一段时间去发现、去适应新环境,我们就会慢慢度过这个"不适应阶段"。多给自己一点信心,给集体一点热情,你会发现,新班级,新同学也很好玩很有趣,也很可爱很温暖,你还会发现集体的力量、合作的意义。不知你发现了这些没有?期待着你的新发现!

五 课后成长

布置课后作业:制订一份新学期计划——我要在新学期、新班级里实现的目标,具体包括以下几个方面:① 生活能力;② 人际交往能力;③ 学习能力;④ 性格方面。

实践反思
SHIJIANFANSI

新的班级建立,学生既有对新同学的生疏感,又有渴望和新同学建立友情的心理需要。本课通过多个团体活动,以简单的游戏,让学生们在玩中、挑战任务中与新同学发生互动,全面综合地展现出每个人在集体活动中的作用和潜在能力。活动过程中,学生是全员参与的,大家共同完成团队任务,一个也没少,那些平时"懒得动"的学生也因处在集体中"被动"地带动起来,这恰恰帮助他们更快更自然地融入到集体中来。共同挑战老师布置的项目,有利于增加他们的集体归属感,激发他们的集体荣誉感。学生行动积极、参与热情、气氛活跃,很好地帮助学生"破冰",使他们融入到新集体中。

生活化瞭望
SHENGHUOHUALIAOWANG

个人与集体的关系

个人是集体中的个人,集体是由个人组成的。个人不可以脱离集体而独立存在。只有当个人以最好的状态组成集体时,集体的功能得到最大限度地发挥。

从根本上说,个人利益和集体利益是一致的,个人才能的发挥依赖于集体的凝聚力,集体利益的实现依赖于个人力量的发挥,集体要不断满足个人合理的要求和利益。

个人是集体的一部分,个人离不开集体,集体离不开个人,个人和集体是相辅相成的。

青岛第五十九中学 于明东

我的时间我做主

课程素材
KECHENGSUCAI

【锦囊妙计】度量人生

用长纸带模拟人一生的长度（80年），通过发现和撕掉逝去和荒废的时间，让学生认识到生命的短暂和宝贵。

引导学生思考游戏带给你什么启发？

课程设计
KECHENGSHEJI

【课题】我的时间我做主

【适用年级】七年级

【主题背景】

从小学到初中，无论是在校学习时间，还是在家生活时间都有很大变化。本课旨在让学生意识到时间的宝贵，增强时间管理的意识，学习时间管理的方法，从而真正做到成为时间的主人。

【活动目标】

1. 了解自己的时间利用情况。

2. 学习时间管理的方法，提高时间管理的能力。

3. 培养珍惜时间的意识。

【过程与方法】

 猜谜导入

1. 课堂约定：全身心参与课堂中的活动，做到积极参与、用心倾听、乐于分享、尊重他人！

2. 谜语导入：想象有一家银行每天早上都在你的账户里存入￥86,400，可是每天的账户余额都不能结转到明天，一到结算时间，银行就会把你当日未用尽的款项全数删除。在这种情况下你会怎么做呢？

其实，每天被存入我们的账户的那么多财富，就是时间（一天＝86400秒）。而生活中，你对自己的时间财富分配得当吗？让我们一起来探索吧！。

 游戏模拟——度量人生（见锦囊妙计）

（1）度量人生。

① 每人准备一张卡20厘米宽3厘米的长纸条，用它代表人一生的长度（平均80年）

② 增加生命的宽带：在纸条上填写自己的梦想与爱好等。

③ 撕纸条：依次将自己已度过的时光（13岁以前）、老后效率减慢的时光（60岁以后）、消耗在基本生理生活（吃饭、睡觉、洗漱）上的时间（至少占每天时间的三分之一）、消耗在路上的时间、荒废在走神闲聊等事件中的时间撕掉，你每天都有多少呢？

手里拿着自己撕完剩下的纸条，谈谈你此刻的感受。

（2）时间利用状况自测。

自我检测——你的时间管理是否有不妥之处？

① 你是否想在一节课完成几个学科的作业，边听课边做别科作业？能否完成？

② 你是否因顾虑其他的杂事而无法集中精力来做目前该做的事？

③ 如果你的学习计划被一些突发事件打断，你是否觉得可原谅而不必找时间补？

④ 你是否觉得老是没有什么时间做运动？

⑤ 你是否觉得总是没时间做一些自己喜欢的杂事，哪怕是摆弄一下自己喜欢的小玩意？

如果答案中若有两个以上为"是"，那你的时间管理就急需改进。

 故事宝库

侯爵夫人写信的故事：首先，侯爵夫人慎重地花了一小时的时间来写信的大纲，然后再花一个小时修改。接着，她暂停写信花一小时吃午餐。餐后她重读了上行所写的内容，感到很满意，于是又花了整个下午的时间打草稿、誊写。

终于,在傍晚时分她完成了这封信,但就在寄出前,侯爵夫人突然找不到收信人的地址了,这可把她给急坏了。费了好一番的折腾,满头大汗的她终于找到了地址,并且在邮局关门前的 15 分钟,有惊无险地把信寄了出去。而后,她筋疲力尽地回到了家,却满心欢喜,因为完成工作给人满足感,而且,花了整整一天的时间总算有了收获。

到底是什么原因导致侯爵夫人需要花费一天的时间来写一封友善、简单的信件呢?

同学们,你的答案是什么?

在时间管理上有一则很有名的帕金森法则,意思是当我们拥有多少的时间来完成一项工作的时候,该项工作就会用完所拥有的全部时间。例如,你的上司(老师)给了你一星期的时间去完成一项工作,你常会倾向于花上一星期来完成这项工作。如果上司(老师)给的是两星期的时间性限制,那么,这项工作便得花上两星期的时间。

用帕金森法则解释原因就是:侯爵夫人有一天的时间任她自由使用,所以,她写这封信就需要花上一整天。

侯爵夫人用一天一封写信的教训,对你管理时间的启发是什么?

没错,制订规划并认真执行,是有效利用时间的好方法。

 游戏体验——体验运 21 吨煤

(1)全体起立,保持教室安静,

(2)当老师喊开始的时候,抬起一只脚,只用一只脚站立,闭上眼睛,听闹钟滴答的声音,双手不扶任何东西(教师看时间,让学生体验一分钟的时间的长短),老师喊结束的时候睁开眼睛,放下抬起的脚,请坐下。

(3)分享感悟:

刚才同学们体验的是一分钟的时间

一分钟,先进的运煤机可以运煤 21 吨。

一分钟,太阳能水泵可以抽水 380 吨。

一分钟,核动力潜艇可以在水下航行 120 米。

一分钟,大炮能发射 80 发炮弹。

一分钟,一台大和面机可以和面 200 斤。

一分钟,一条彩电生产线可以组装 1.5 台彩色电视机……

提问:一分钟我们能做什么?

学生分享。

游戏对你管理时间的启发是什么?

没错，零星时间要珍惜，可以大大提高我们利用时间的效率。

 活学活用

今天是妈妈的生日，小明放学后想为妈妈准备一桌晚餐做礼物。小明到家是 5:20，准备材料用了 10 分钟，做米饭用了 20 分钟，做可乐鸡翅用了 20 分钟，做青椒炒肉用了 10 分钟，做清炒油菜用了 8 分钟，做西红柿鸡蛋汤用了 5 分钟。如果你帮他安排，几点可以开饭？妈妈是 6:00 到家，那时可以开饭吗？（三个锅可同时用）

学生讨论分享方案。

师生共同总结，时间管理的方法。

读一首诗，共勉。

明日歌

明日复明日，

明日何其多。

日日待明日，

万事成蹉跎。

世人皆被明日累，

明日无穷老将至。

晨昏滚滚水东流，

今古悠悠日西坠。

百年明日能几何？

请君听我《明日歌》！

实践反思
SHIJIANFANSI

本节是针对学生时间管理设计的内容，在做"度量人生"这个活动时，不断有学生出现"还撕啊！""再撕就没了！"等心声，由此可以看出学生对自己的时间是很珍惜的。这是本课的"察觉"环节。培养学生对时光的感知力，第二个活动的实质是让学生体验"一分钟"时间的长短，在这短短的一分钟里可以做很多事情，那么"我"一分钟可以做什么呢？接下来"活学活用"这就是"行动"环节。最后的"共勉"既是本节课的升华，又意味深长地引发学生思考，紧扣"感悟"环节。

生活化瞭望
SHENGHUOHUALIAOWANG

如何有效管理时间

陶渊明有诗曰：盛年不重来，一日难再晨；及时当勉励，岁月不待人。

时间，怎么珍惜都不过分，下面推荐一些有效管理时间的方法。

1. 策略第一。"攻心为上、攻城为下"，时间管理策略总是第一位的。

2. 分清轻重缓急，抓住重点。若干项工作，总有重点工作和非重点工作，我们就要在重点工作上投入大量的时间和精力；反之我们就会总是感到时间不够用而且工作没有成效。

3. 马上行动，杜绝拖延。现在该做的事如果一拖再拖，则到完成工作的最后时限必定会手忙脚乱，要么胡乱应付，要么就是牺牲自己的休息时间来加班。

4. 确定明确的目标和行动计划。没有明确的目标，做事就会走很多弯路。确定了目标还要有行动计划。不管是心中的行动想法或是书面的行动计划，总需要一个计划，要不这个目标的实现就是一句空话。

5. 每个人的时间都是有价值的。因为每个人的生命都是由时间组成的，生命是有价值的，故时间也是有价值的，所以才有了鲁迅所说的"浪费时间等于谋财害命"这一名句。

6. 今日事今日毕。有了良好完成工作的习惯，时间自然会得到充分利用，就不存在浪费时间的现象了。

7. 第一次就做好，追求零缺点工作。工作如果不第一次就做好，总是存在或多或少的问题，到最后又要返工从头做起而且不知道这次能不能符合要求，时间不就在一遍遍的重复中浪费掉了吗？

8. 在要求工作时，必须要求时限。这样，就既不会浪费别人的时间，也不会浪费自己的时间。

青岛第五十一中学　胡　英

业余生活　助我成长

课程素材
KECHENGSUCAI

【生活剧场】小 A 的业余生活

一个周末很忙却收获甚微、被时间折磨的"水深火热"的少年故事……

课程设计
KECHENGSHEJI

【课题】业余生活　助我成长

【适用年级】七年级

【主题背景】

怎么让业余生活过得更有意义？与父母安排的满满的"学习业余生活"相悖，学生们会抓住所剩不多的"自由"时间看电视、上网、睡懒觉……这样"旱涝不均"的业余生活安排，不仅不利于学生们的学业、能力的成长，也会影响他们的生活作息习惯。善于安排业余生活从短期看，获利或许并不明显，但长期积累，益处却是十分明显的。因此，我们设计此课，帮助学生合理利用业余时间，让这段时光为中学生的生活发光发亮，添光添彩！

【活动目标】

1. 了解业余生活的丰富性和成长性；

2. 掌握安排业余生活的方法和原则；

3. 养成对时间、生活自我负责的态度。

【过程与方法】

课堂约定：全心参与课堂中的每一项活动，做到积极参与、用心倾听、乐于分享、尊重他人！

生活剧场:《"小A的业余生活》

· 周六睡到大十点,眼睛惺忪快追剧!

· 心想时间还多呢,下午再写作业吧～

· 手机电脑诱惑大,一玩居然一下午!

· 晚上爸妈逛超市,没人监督睡过去～

· 作业还好有周日,早上猛记上辅导!

· 中午被叫探爷爷,大人聊天我刷屏～

· 晚上疯狂补作业,草草写完就大吉!

· 打球看书和约友,这些愿望只莫及……

· 看似忙忙又碌碌,感觉_____!

猜一猜小A的心情,请填在横线上,同学们,你们可以将文中情境编成小品,这样会更有趣哦!

——同学们,了解完小A周末两天的生活安排,请你帮小A填写一下周末生活安排表吧!

	上午	下午	晚上睡前
周六			
周日			

——观察表格,你发现小A的业余生活安排有什么特点?

· 没有计划性

· 玩电子产品和睡觉的时间过长;

· 休闲的方法单调不健康

· ……

——设想一下,如果小A一直这样安排自己的业余时间,会有什么后果?畅所欲言吧!

坐姿不正

游戏高手　　　　　　　　成绩不会太好

近视眼　　　容易发胖

　　　　　　　　　　　　网络语言发达,
　　　　　　　　　　　　现实交流能力弱
　　　事后总后悔

当时很开心　　　　　　　朋友少

做事忙乱　　游戏以外的事情一问三不知

知识窗

小 A 有话说——"没那么严重吧？！"

——心理学研究发现：闲暇时光的安排情况反映着人的两种能力：自主性和自控力；而这两种能力实际上深深地影响着人的生涯发展！如：

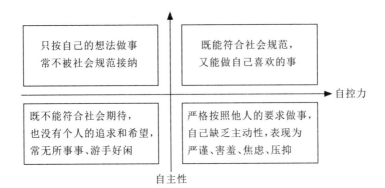

英国心理学家还发现"无聊感强烈"者与感觉充实者相比，因心脏病或中风致死的可能性高出 2.5 倍，无聊因而可能是个"折寿"心理因素。研究人员对 7524 名被试进行"无聊感"调查，追踪他们 20 多年后的健康情况：发现当年感觉"格外无聊"的死亡可能性比感觉充实者高 37％！

——读完这些材料后，你有什么思考？

想一想，算一算

——中学生一年的业余时间都有哪些？

中学生一年中享有的法定节假日有：寒暑假共_____天，清明、五一、端午、中秋、国庆、元旦在正常周末基础上共多调休放假_____天，上学期间周末放假共_____天，业余时间共计约_____天。

——算完自己的业余时间后，你有什么感受和思考？

> 太随意不是好假期！
>
> 闲暇规划很有必要！
>
> 不是所有的玩都叫健康～
>
> 闲暇处是生活！
>
> ……

生活帮

请帮小 A 重新规划一下他的业余时间吧！

——根据你的经验建议小 A,业余时间还可以安排什么活动?

_____

——你觉得怎样的业余生活安排才是充实有趣的?

·兼顾学习、健身、娱乐、劳动等方面;

·边玩边学,学玩结合

·……

——你觉得业余时间安排应该注意哪些事项?

根据学生分享,整理答案。

教师可播放呈现业余生活安排充实有趣的相关课程资源。

活学活用

制订一份我的暑(寒)假活动安排表。

实践反思

SHIJIANFANSI

　　著名科学家爱因斯坦有句名言:“人的差异产生在业余时间里。”业余活动不仅影响生活质量,还影响成才与事业发展。未来是知识经济时代,也是生活时代,业余活动越来越引起人们的关注,如何充分利用业余时间,不仅关系到国民的快乐生活、成才与发展,而且影响民族的前途。引导学生们科学安排业余活动,意义重大。上课过程中,我们发现学生们一方面抱怨父母对自己业余生活的过度“包办”,一方面又苦于自己不会安排自己的时间,陷入到了矛盾之中。而通过同学们之间的相互分享,师生讨论,学生们开阔了视野,了解了业余生活的活动范围,掌握了业余生活的安排原则,从而减少了自己安排业余生活时的盲目。

生活化瞭望

SHENGHUOHUALIAOWANG

趣味小测试

你的业余生活安排是否合理呢? 参考题目自测一下吧。

假期时,下面列举的事情,你做过哪几条,请把序号写下来。

1. 睡懒觉,每天比平时学习或工作时至少多睡 2 小时。

2. 闲聊,无目的的闲聊。

3. 无意义的往来——出于无聊或害怕孤单,没有什么实质性的目的。

4. 很少运动。

5. 学习的时间少。

6. 参加有害的活动，比如打麻将、熬夜打牌、通宵上网等。

7. 长时间看电视，每天超过 3 小时。

8. 一整天都待在家里，甚至连续几天不出家门。

9. 长时间玩电脑、手机，上社交网络或玩游戏。

10. 个人日常卫生不打理，房间凌乱。

若有三个以上"是"，那你的业余时间管理急需改进啦。

 国际视野

世界各国的人们都是怎样安排自己的业余时间的呢？

美国人利用大量的业余时间上图书馆、上网学习、听讲座、参加培训、参加沙龙聚会等，学习效果非常好。在美国，听讲座就如看电影一样平常，各行各业的优秀人才都喜欢搞一些讲座，这样既可以得到丰厚的收入，又利于自我实现（将优秀的思想传播于社会，并为社会发展做点贡献），也可得到大量快乐，这些讲座对于提高民族素质及促进民族发展十分有利；日本人利用大量的业余时间学习，每位国民平均读书量在 30 本左右，每天的读书时间保持在 1 小时左右，这种好学精神对于提高民族素质十分有利。

在发达国家，人们的业余生活多以运动、交友、学习、看电视、上网、旅游、逛博物馆、跳舞、听讲座、下棋、聚会等活动为主，其中运动、学习、上网、看电视、跳舞、听讲座、聚会等活动占据了大部分业余时间。在我国，国民在业余生活中用于学习、运动、上网、跳舞、听讲座及参加培训时间比较少，较多的时间用于无谓的聊天、打牌、看电视，导致业余学习的效果差，不利于提高民族素质及民族发展。

 如何安排业余时光

日本企业家土光敏夫对业余时间的体会是："我认为，下班后的下午 6 点到次日的上午 6 点，只要你占用其中的两小时去学习和思考，时间一长，能力便会突飞猛涨哩。"他还说："我这个人很笨，就是靠业余时间多学了点东西，才取得小小成绩的。"这是一位成功者的感言，切身的体会，对我们很有启发。

业余生活我们可以做什么？

1. 休息。消除每天工作或学习所产生的疲劳。

2. 享受生活。业余生活是人类快乐的主要来源。提高业余生活的质量，是提高总体生活水平的基本办法。如果没有业余的快乐，那么，谁也不会热爱生活，更不会喜欢工作和学习。

3. 锻炼身体。除体力劳动者之外，大多数人只有在业余生活多锻炼身体，才能保证身心健康。例如打篮球、踢足球、打网球、打太极拳、长跑、打台球、打乒乓球、参加球赛、看球赛。

4. 交友及寻求合作。每天可花半小时至一小时用于交际，这样既可以放松身心，又可以享受交友之乐，也利于合作。过少的交际会影响快乐、健康及事业的发展。过多的交际会浪费大量的时间和精力，并不可取。比如：利用每天的午饭或晚饭之后安排半个小时交友；利用周六拜访亲友；利用联欢会、舞会结识新的朋友；在度假中商讨合作事项；利用周末和朋友共享美好的生活，等等。

5. 学习及增长见识。每天工作之余，安排 1 小时以上的学习，双休日利用一天时间学习。例如参加培训班、夜校、讲座、沙龙、俱乐部、上图书馆、上网、下棋、辩论、拜访良师益友，都是很好的学习；逛街、旅游、参观展览会、上网了解想了解的信息，都可增长见识。

6. 其他。比如，加班或搞第三职业多挣一点钱；和情侣去旅游；带孩子去公园；购买衣服、书籍；整理内务，等等。

青岛 51 中　胡　英

我的 e 生活

课程素材
KECHENGSUCAI

【锦囊妙计】e 网打尽

用捕捉的游戏展示自己在网络世界中获得的东西,分享游戏带给自己的感受和思考。

课程设计
KECHENGSHEJI

【课题】我的 e 生活

【主题背景】

网络作为一种工具,已深入人们生活、学习和工作的方方面面。不过,它在为人们带来便利的同时,也带来了一些问题。对于 21 世纪的中学生来说,用网宜疏不宜堵。那么,如何引导学生正确认识并使用网络?本课通过游戏活动、学生讨论等方法,让学生了解并反思自己的用网情况,总结网络的利与弊,并最终找到使用网络的正确方法,趋利避害,助力进步。

【活动目标】

1. 了解网络的利与弊。

2. 学会觉察反思自己的网络生活。

3. 养成合理利用网络,培养热爱生活的积极心态。

【过程与方法】

课堂约定

全心参与课堂中的每一项活动,做到积极参与、用心倾听、乐于分享、尊重他人!

 网络用语知多少

通过网络用语引起学生们的兴趣,并引出网络的主题。

1. 课件展示一些常用和生僻的网络用语,如:童鞋、放弃治疗、蓝瘦香菇、NO ZUO NO DIE、不明觉厉、神马、555。

请同学们猜一猜这些词语的意思。

2. 请同学们自己举例说一些自己知道的网络用语,请大家猜一猜。

3. 网络语言之我见——说说我的理解

我常用的是_____,原因是_____。

我不会用的是_____,原因是_____。

 互动游戏——e网打尽

1. 每人准备一张 A4 纸和一只画笔。

2. 小组讨论,网络给你带来了什么?

3. 教师将提前准备好的海洋生物(如海豚、鲤鱼、螃蟹等)图片贴在黑板上,教师根据学生小组讨论的结果,将答案逐条写在图片下方,使每一张图片对应一条讨论结果。

4. 让学生在 A4 纸上画出一片海洋,代表网络;请学生进行"捕捞"——将对应着某条讨论结果的生物画在自己的"海洋"中。

5. 全班分享展示自己的 e 生活。

 边学边思考

1. 网络上捕到"臭鱼烂虾"的原因是什么?

2. 如何才能避免这种现象?

学生小组讨论,师生共同总结答案。

 我的 e 计划

1. 参照自己的网络生活,总结网络的利与弊。

2. 如果满分是 10 分,给自己的网络生活打分。

3. 想要提高分数的话,即使只提高 1 分,你需要在哪些方面有小小的改变?

学生自由发言,相互启发。

实践反思

SHIJIANFANSI

1. 觉察：学生每天面对网络、应用网络，却从来没有反思过自己的网络生活是什么样的，更不知道别人的网络生活是怎样的。通过参与活动和分享，引导学生对照自己的网络生活进行反思。

2. 行动：引导学生制订自己的e计划，并通过制定目标和策略，督促自己的实际行动。

3. 感悟：课堂活动与游戏都与生活密切联系，所得思考、感悟也是为了回归生活，合理地利用网络，快乐上网，积极生活。

生活化瞭望

SHENGHUOHUALIAOWANG

网络的利与弊

网络，是一个科技发展的产物，也是信息时代的标志。作为中学生，我们理所应当对其进行追求探索。

尽管这是一个虚拟的空间，但它的方便、快捷、灵活等多种优点拓展了我们的知识面，给予我们遨游的空间。它的出现改变了人们传统的思想方法，在我们的生活中给予我们极大的帮助；坐在家中即可浏览众多网上图书馆丰富的图书收藏；几秒钟内，便可收到相隔万里的来信，在最短的时间内获得各地各种详细的、自己想知道的信息；通过各学校开办的远程教育网了解更多的知识，等等。正由于这些优点，网络才受到越来越多的青少年的青睐。

但是，又有许多人认为中学生上网弊大于利。的确，网络上充斥着很多不良信息，像反动、暴力、黄色新闻、影片等。

在我国，网络是一个新生事物，中学生的自制力和网络的吸引力两者根本是无法匹敌的。网络的吸引力是无穷的，而中学生的自制力是有限的。据联合国教科文组织的不完全统计，以学习为主要目的上网的中学生，美国占总数的20%，英国为15%，中国仅仅为2%。这惊人的对比，恰如其分地说明了我国中学生的自制力远不如网络的吸引力。这好像刚出生的婴儿，终究是需要细心的扶持，在正确的教育、指导下长大成人，将来为建设国家作出贡献。但若抑制学生上网，不就好像将这婴儿杀死在摇篮里吗？中学生上网的人数很多，部分人受到不良影响，这正说明是否受到不良影响取决于自身的素质与意志。俗话说得好:"人正不怕影子歪。"只要我们具有不靠近沉溺人思想的网络传播的意志,自然也就不会受到其影响了。

利弊的区别在于你如何运用网络,以及如何合理安排时间、精力。如果是将网络用于打电子游戏,不分昼夜,肯定是弊;如果将其用于学习则肯定是利。

青岛第五十一中学　胡　英

怎样使用零用钱

课程素材
KECHENGSUCAI

校园剧场

小品一：车到山前必有路

两个男同学在打电话,对话如下:

小毛:喂,小强,明天中午放学后我们再去网吧上网打游戏,好不好?

小强:太好了,我也是这样想的。

小毛:可是,(小声地)我没钱了! 你能不能多带点钱,借一点给我?

小强:借钱? 你老爹不是给了你很多钱吗? 这么快就用完了?

小毛:哎呀,每个月就那么百来块,一下就用光了,哪里够用啊!

小强:我也是。实话告诉你吧,我把早餐的钱都省下来了,只以凉水充饥,上课时饿得眼冒金星!

小毛:唉,我把亲戚给的压岁钱都用快用光了,要是妈妈问起就糟了!

小强:好在我妈妈要出差,她预先多给了我一些伙食费和零用钱。不然的话,我也没钱了。

小毛:真是老天有眼! 你有钱借给我了!

小强:那你以后有钱还我吗?

小毛:别担心,车到山前必有路嘛! 办法是人想出来的!

小强:那好,明天网吧里见!

小品二：赶时髦

两个女同学在聊天,对话如下:

小玉:哎呀,现在才 19 号,我又要度日如年了!

红叶:怎么了?

小玉:没钱啦! 日子怎么过啊!

红叶:你的零用钱呢? 你一个月不是有很多零用钱吗?

小玉:花光了!

红叶:花得这么快? 你怎么花的啊?

小玉:这有什么难啊。你看,才买了两张最新的CD,买了一条水晶链,给同学过了个生日……

红叶:过生日花不了多少钱,买个小礼物就行了,礼轻情谊重嘛!

小玉:不行,我可不能太寒碜! 上次她请我吃西餐,我这次请她吃"回转寿司"。嘿,多气派!

红叶:你这条水晶链……

小玉:好看吗? 上个月买的那条珠链太老土了,真不好意思戴出去。现在这条水晶链子最时髦了,一看就知道不是便宜货!

红叶:你样样东西都要时髦,有那么多钱吗?

小品三:我们都是好孩子

妈妈在家里看报纸,刘悦从外面进来,母女对话如下:

刘悦:妈妈,我回来了。

妈妈:哦,回来了。玩得高兴吗?

刘悦:高兴极了! 我们爬了山、划了船,还免费"吸氧",真舒服呀!

妈妈:好,休息一下准备吃饭吧。

刘悦:妈妈,这是今天出去玩后用剩下的钱,还给你吧。

妈妈:(数钱)怎么,才用了这么一点钱,不是叫你多买点喜欢吃的、玩的东西吗?

刘悦:买那么多干吗,够吃够用就行了,我本来就什么都不缺。

妈妈:其他同学呢,他们花钱多吗?

刘悦:他们也不多。我们都认为,虽然有钱,但也不应该乱用,要把钱花在最需要的地方。

妈妈:你们真是好孩子!

课程设计
KECHENGSHEJI

【课题】怎样使用零用钱

【适用年级】七年级

【主题背景】

如今,越来越多的富裕家庭的背后跟着一群"富孩子",手机聊天、网络游戏、同学聚会……孩子们的零用钱都去哪了? 为了引导中学生合理利用零用钱,从小树立理财意识,避免花钱大手大脚,形成虚荣、攀比的风气,特设计这节课。

【活动目标】

1. 了解合理使用零用钱的意义及无节制花钱的危害。

2. 学会合理使用零用钱。

3. 学会对辛苦赚钱养家的父母感恩。

【过程与方法】

课前播放音乐创设情境,师生约定:尊重保密、真诚倾听、积极参与、乐于分享。

 导入活动

教师:同学们,过完了春节,我们又迎来了新的学期。春节期间,大家收到了多少压岁钱? 开不开心? 你们准备如何利用这些压岁钱呢?

学生1:500元,准备买游戏卡……

学生2:1000元,准备买一双名牌运动鞋……

学生3:800元,准备新书包、课外书……

学生4:3000元,准备买新款的手机……

教师:随着生活条件的提高,父母给孩子们零花钱越来越多。到底怎样使用零用钱才算是合理的呢? 下面让我们一起来看看,某些同学是怎样花零用钱的。边看边思考:谁用得合理,为什么?

 小品赏析

小品表演:

一:车到山前必有路(见校园剧场 小品一)

二:赶时髦(见校园剧场 小品二)

三:你们都是好孩子(见校园剧场 小品三)

交流分享:

看完小品后你有什么思考? 怎样使用零用钱才合理?

教生共同总结。

使用零用钱,把握两条原则:

① "量体裁衣,合理消费" ——不过度消费,减少不必要的开支;

② 兼顾长远,理性消费——把钱花在有利于个人的发展进步方面,不摆

阔、不攀比、不放纵自己。

联系实际,寻找身边的榜样

教师:我们班上,谁会合理使用自己的零用钱?

学生1:** 同学平时合理花钱,用零用钱买课外书和学习用品。

学生3:** 同学把省下的钱捐给贫困生,上次学校捐款他捐得最多。

教师:我们一起给他们热烈的掌声……

警示台

无节制花钱危害大

小辉是某大城市某中学一名12岁的八年级学生,自7月份起,他在同学的带动下迷恋上了网络游戏,经常逃学去打游戏机,对家长、老师的劝说阳奉阴违。在两个多月的时间里,他数次偷偷从父母的存折上取钱,或两三天一次,或一天两次,少则100元,多则300元,先后共取走了3万多元,全部拿去打游戏机。事情发生后,记者去小辉家采访,看到他家几乎没怎么装修,床垫直接铺在地上,几件陈旧的家具摆在角落里。可以想象,在这个并不富裕的家庭里,3万多元钱是多么重要。

想想说说

1. 无节制花钱有什么不良后果?

2. 爸爸妈妈给的零用钱够吗?多少为合适?

3. 你是怎样花自己的零用钱的?哪些是不该花的、哪些是必须花的?为什么?

4. 你以后将怎样花我的零用钱?

归纳总结

合理使用零用钱的办法:计划开支、留有余地、储蓄、适度花钱、文明健康消费等。

结束语:

祝同学们满载这节课的收获,去创造自己美好的未来!

实践反思
SHIJIANFANSI

1. 本节课采用了短剧表演的活动教学法,很好地调动了学生的积极性。

2. 整堂课较好地做到了以学生为主体,教师基本不讲,学生提高了自己的学习能力。

这节课引导学生开始思考有关"零花钱"的问题,如何看待消费、如何合理消费、怎样管理自己的"零花钱"都是值得认真探讨的问题。

生活化瞭望
SHENGHUOHUALIAOWANG

青少年与零花钱

国内的一项对北京、上海等 5 座城市儿童消费所做的调查显示,5 城市儿童全年的零花钱总额超过 10 亿元。因此,父母教育孩子理财时,一定不能忽视孩子零花钱的使用问题,要引导孩子正确使用零花钱。

日本前桥国际大学山本教授曾和同事一起进行了一次关于中、日、韩以及越南四国少年零花钱方面的调查。调查结果显示,比起近邻日本、韩国和越南,中国城市青少年的零花钱绝对金额最多。

在描述中国青少年的零花钱状况时,日本学者用了"不安定"这个词语来形容。在中国家庭,子女的零花钱金额随着家庭经济的变化每个月可能会有所不同。除此之外,一个班级中,孩子零花钱的数额相差也非常大,一个月零花钱多者可以上千元,少的可能几乎没有。日本学者表示,中国孩子零花钱的"贫富差异"让人吃惊。

日本学者调查发现,中国一个班级孩子的家庭即使收入水平差不多,因为家庭教育观念的不同,父母给孩子的零花钱数额也有明显差别。在日本和韩国,尽管经济条件不尽相同,但一个班级同学的零花钱基本保持在同一水平线上,父母甚至会相互打听给子女零花钱的数额,并约定大致的数额,以免引起孩子攀比而造成心态不平衡。

青岛第二十四中学　程秀灵

第二单元 自我发展

　　中学生正处青春期，是儿童从童年向成年的过渡时期，是社会化的一个重要时期。这个时期最突出的特点是儿童由不成熟向成熟发展，即实现生理的成熟和心理的成熟两个方面的发展。青春期生理成熟的标志显而易见。青春期的心理逐渐成熟主要是由于青少年的个性倾向和自我意识的迅速发展使他们的心理发生了质的变化，产生了与童年期截然不同的心理特点，自我意识的发展是青春期个性发展的核心内容。不少中学生存在某些情绪或行为问题，或者社会适应不良，有自信心不足、自我贬低或自暴自弃倾向；有的孩子总是怀疑自己的能力，在困难面前畏首畏尾、知难而退，不能对自己的学习进行调控……因此，自我意识及其培养的研究对教育实践有着重要的现实意义和应用价值。

　　自我意识又称自我概念，是一个人关于自我及其与周围环境关系多方面、多层次的认知和评价，是个体对自我的所有思想、情感和态度的总和，包括自我认识、自我体验和自我调控等，认识自我也是中学生的重要的一个核心要素。

　　研究表明，自我意识的功能主要有以下几个方面：一是影响学生对活动的选择和行为的坚持性；二是影响学生在困难面前的态度；三是影响学生在活动时的情绪；四是影响学生新行为的形成和习得行为的表现。提高学生的自我认识水平能使学生善于调节和培养自己的非智力因素，激励学生勤奋学习；为自己确立适当的奋斗目标，选择适合自己的方法和措施，并努力实现目标；善于总结成败的经验教训，从而采取补救措施，改进方法，达到对思维和学习活动的再认识。

本单元共有6课："我是独一无二的奇迹""假如我是……""多彩的性格"引导学生从不同角度认识自我，给中学生认识自己的方法和依据，帮助中学生形成积极的自我认识；"发现最好的自己"和"在困境中成长"是希望让中学生在体验中发现自我潜能；"嗨，青春期！"是希望学生通过本课的学习对于青春期有更多的了解。

我是独一无二的

课程素材
KECHENGSUCAI

【锦囊妙计】叶子的相聚

指导学生拿出课前准备的叶子,根据它的形状在纸上画出叶子的轮廓,用自己的叶子贴贴小组同伴的脸颊,给他们一个亲密的问候。

学生在热身活动中体验人与人之间的一种沟通。分享每片叶子的与众不同之处。

【故事宝库】《最后一片叶子落下来》

这是一本关于生命的童话,作者以一片叶子经历四季的故事讲述生与死之间的微妙平衡,文字简单,寓意深刻,最适合用来做生命教育的教材。

书中一片叫作弗雷迪的叶子和它的伙伴们经历了四季的变化,逐渐懂得了生命的意义在于经历美好的事物和给别人带来快乐;明白了死亡并不代表一切都毁灭了而是另一种形式的新生。语言描述配上表现四季变化的照片和绘画,更营造出温暖的意境。这个发人深省的童话寓言温馨简洁、充满智慧,1982年出版以来,帮助了千千万万人正确对待生死问题,一直让成人和孩子们深受感动。

课程设计
KECHENGSHEJI

【课题】我是独一无二的

【主题背景】

本课的授课对象定位为初中一年级的学生,因为这个年龄段是学生自我认识与自我接纳的重要时期,而此阶段的心理发展危机主要与其自我认知有关。因此,本课对学生的终身发展意义深远。在本节课把心理健康教育和生命教育整合在一起,纵向是通过观看视频《一片叶子落下来》引导学生从感悟叶子的一生来引导学生热爱生命,横向是把设计的亮点定位在以一片树叶为线索上,这一线索贯穿课堂始终,以实现教育目标的多元化。

【适用年级】 七年级

【活动目标】

1. 通过活动认识和发现自我,体验和表达自我,欣赏和悦纳自我,评价和调整自我,设计和超越自我。

2. 形成对生命价值和生命意义的初步探索,为以后形成正确的生命价值观念奠定基础。

【过程与方法】

 暖身活动:叶子的相聚

指导学生拿出课前准备的叶子,根据它的形状在纸上画出叶子的轮廓,用自己的叶子贴贴小组同伴的脸颊,给他们一个亲密的问候。

学生在热身活动中体验人与人之间的一种沟通,分享每个叶子的与众不同之处。

 生命的初识——叶子的一生

1. 放映 PPT《最后一片叶子落下来》。

2. 请学生说出感受最深的部分及原因。并谈一谈为什么有这样深刻的感受及它与你的生活有什么联系。

 生命探索——叶子的两面

该环节分两部分内容。

一是闪光的叶子卡片。

1. 引导学生在叶子的正面完成叶子,用彩笔画出代表你生活中的积极向上的部分,也可以用文字说明。

2. 引导学生开展心理游戏《说我说你》。

在做的过程中重点引导学生积极投入,从他人评价中确立自己是独一无二的,完成悦纳自己的目标。

3. 通过组间互动、全班互动,让学生归纳出自己的优点。当学生归纳后,让他们补充填写在叶子卡片中。

(教师叮咛:每个人都有许多优点,这是你身上蕴藏的宝藏。有些人善于把自己的优点发挥出来,人生就收获了精彩的风景;有些人不善于利用自己的优点,人生就有了遗憾)教师建议把树叶卡片挂到镜子上,每天早晨大声念三遍自己的优点,通过积极的心理暗示,培养学生自我接纳的能力。

二是叶子的反面。

正如一片树叶有正面也有反面一样,我们每一个人既有让自己或他人欣赏和接纳的地方,也有一些让自己或他人感觉不喜欢或不认同之处。那么,当我们存在不足的时候,我们应该如何面对呢?

1. 脑力激荡:

引导学生在叶子卡片的反面简单、快速地写下对自己不满意的地方。

2. 情景体验:

(1)小明学习好、遵守纪律,是班里的小队长。他喜欢打篮球,可是个子太矮,他该怎么办?这样,就自然地引出学生从双方面看问题的情境,引导学生反思。

小明发挥了自身的灵活性,成为一名优秀的校篮球队成员。

(2)盲人谈力爱好摄影,参加比赛并获奖。

3. 让学生感受悦纳自己、完善自己的重要性,同时指导学生在叶子卡片上划掉不能改变的,留下能改变的。建议让学生每天晚上看看叶子卡片的反面,在心里对自己说:“我今天改变了吗?改变了多少?”

通过以上过程,让学生看清自己的另一面,从而学会接纳自己不能改变的方面,努力改变能改变的方面,进一步达成本课的能力目标和情感。

(1)结合自己的性格、爱好、特长,在卡片上画出自己的优势和这个优势给自己带来的好处等。自我确立自己的独一无二性。

(2)从组长开始,按顺时针方向,分别向组内同学解释自己的画。其他同学在聆听过程中可以用以下句式予以回应:

A. 你是很不一样的,因为……

B. 我欣赏你,……因为……等

(3)让学生归纳出自己的优点。当学生归纳后,让他们将其填写在叶子卡片中。

A. 在叶子卡片的反面简单、快速地写下对自己不满意的地方,如对自己体貌特征、性格、习惯、能力等方面存在的不足。

B. 在情境中体验,从故事中反思。

C. 在叶子卡片上划掉不能改变的,留下能改变的。

生命拓展——叶子的价值

情感分享：让学生回忆和分享在家庭、在学校为身边的人提供过哪些帮助。

 生命反思——叶子的收获

引导学生说说自己的收获，交流体会。

教师寄语。

说说教师自己的收获，交流体会。

 实践反思
SHIJIANFANSI

世界上没有相同的两片树叶，更不可能有完全相同的两个人。每个人都是独一无二的。本课两个生活化素材，一个是叶子的相聚，一个是绘本故事《一片叶子落下来》。叶子的相聚是热身活动。在热身活动中，以树叶为媒介，促进人与人之间的链接，让大家放松下来，营造了愉快、轻松和信任的环境，为后续的环节做好准备。并且，在热身的同时已经在感悟叶子的独一无二的特点，并与自己相比较。总之，好的热身活动，一定不仅仅只为了热身，而是与后面的课程开展有着深层的链接。

生活化瞭望
SHENGHUOHUALIAOWANG

1. 绘本故事《一片叶子落下来》2009 年由南海出版社出版，作者（美）巴斯卡利亚。这是一本关于生命的童话，作者通过一片叶子经历四季的故事，来展现生命的历程，阐述生命存在的价值。文字简单亲切，寓意深长，画面清新简洁，适合用来做生命教育的教材。

一片叶子落下来

春天已经过去，夏天也这样走了。叶子弗雷迪长大了，他长得又宽又壮，五个叶尖结实挺拔。春天的时候，他还是个初生的嫩芽，从一棵大树树顶的大枝上冒出头来。弗雷迪的身旁有成百上千的叶子，都跟他一模一样——看起来是这样。不过，他很快就发现没有两片叶子是真的一样的，尽管大家都长在同一棵树上。弗雷迪的左边是阿弗烈，右边是叶子是班，他的头顶上是那个可爱的女孩子克莱。他们一起长大，学会了在春风吹拂时跳跳舞，在夏天懒洋洋地晒晒太阳，偶然来一阵清凉的雨就洗个干干净净的澡。

......

2. 读一读：

我愿意

（1）我愿意面对生命的改变。

（2）我是一个很棒的、发光的并且充满活力的个体。

（3）我接纳自己一直保持着那些不适合的旧模式。

（4）我就是我，我很好。

（5）我活在当下。

（6）我不再认同自己创造出来的恐惧。

（7）我安排时间休息。

（8）我知道我值得拥有美好的生活。

（9）我知道我很有力量，并且用不同的方式来使用它们。

（10）我很棒，我目前正是如此。

（11）我有力量和能力去过有意义的生活。

（12）只有我能够使自己真正快乐。

（13）无论我的伙伴是否认同我，我都觉得安全。

（14）我欢迎所有令我快乐的事情。

（15）我很平安，而且一切都很顺利。

（16）我肯定并了解自己内在的美。

（17）我是个独一无二的个体，我的使命会在日常生活中实现。

（18）我知道真实的需要和匮乏感之间的区别。

（19）我总是得到天时、地利、人和之便。

（20）在我的生命中，我就是发光的太阳。

（21）绝对的静谧，常驻我心。

（22）我知道我是所有爱的源头。

（23）我渴望正向的改变，因此我接纳目前的自己。

（24）平静从自身开始。

（25）我是独一无二的，而别人也是如此。

（26）我是有价值的并且受欢迎的，我目前就是如此。

（27）我看到自己和每个人的美善。

（28）我肯定我自己。

（29）我对我的生命负责。

（30）我可以感受我的情绪而不觉得受到伤害。

（31）我面对的终究只有我自己。

（32）只要我信任我自己就可以面对任何状况。

（33）我身处绝对的安全之中。

青岛市市南区教育研究中心　松　梅

多彩的性格 多彩的我

课程素材
KECHENGSUCAI

小测试

在每行中挑选一个与你最相近的形容词(每题必须选一个并且只能选一个)。若您在某一题上实在无法判断,请考虑 3 年前的自己的特征作答。

01.	A 活泼生动	B 富于冒险	C 善于分析	D 适应性强
02.	A 喜好娱乐	B 善于说服	C 坚持不懈	D 平和
03.	A 善于社交	B 意志坚定	C 自我牺牲	D 顺服
04.	A 使人信服	B 竞争性	C 体贴	D 自控性好
05.	A 使人振作	B 反应敏捷	C 受尊重	D 含蓄
06.	A 生机勃勃	B 自立	C 敏感	D 满足
07.	A 推动者	B 积极	C 计划者	D 耐性
08.	A 无拘无束	B 肯定	C 按部就班	D 羞涩
09.	A 乐观	B 坦率	C 井井有条	D 迁就
10.	A 有趣	B 强迫性	C 忠诚	D 友善
11.	A 可爱	B 勇敢	C 注意细节	D 外交手腕
12.	A 令人高兴	B 自信	C 文化修养	D 贯彻始终
13.	A 激励性	B 独立	C 理想主义	D 无攻击性
14.	A 情感外露	B 果断	C 深沉	D 幽默
15.	A 喜交朋友	B 发起者	C 音乐性	D 调节者
16.	A 多言	B 执着	C 考虑周到	D 容忍
17.	A 活力充沛	B 领导者	C 忠心	D 聆听者
18.	A 惹人喜爱	B 首领	C 制图者	D 知足

19.	A 受欢迎	B 勤劳	C 完美主义者	D 和气
20.	A 跳跃型	B 无畏	C 规范型	D 平衡
21.	A 露骨	B 专横	C 扭捏	D 乏味
22.	A 散漫	B 无同情心	C 不宽恕	D 缺乏热情
23.	A 唠叨	B 逆反	C 怨恨	D 保留
24.	A 健忘	B 率直	C 挑剔	D 胆小
25.	A 好插嘴	B 急躁	C 无安全感	D 优柔寡断
26.	A 难预测	B 直截了当	C 过于严肃	D 不参与
27.	A 即兴	B 固执	C 难于取悦	D 犹豫不决
28.	A 放任	B 自负	C 悲观	D 平淡
29.	A 易怒	B 好争吵	C 不合群	D 无目标
30.	A 幼稚	B 鲁莽	C 消极	D 冷漠
31.	A 虚荣	B 工作狂	C 不善交际	D 担忧
32.	A 喋喋不休	B 不圆滑老练	C 过分敏感	D 胆怯
33.	A 生活紊乱	B 跋扈	C 抑郁	D 多疑
34.	A 反复	B 排斥异己	C 内向	D 无异议
35.	A 杂乱无章	B 喜操纵	C 情绪化	D 言语不清
36.	A 好表现	B 顽固	C 有戒心	D 缓慢
37.	A 大嗓门	B 统治欲	C 孤僻	D 懒惰
38.	A 不专注	B 易怒	C 多疑	D 拖延
39.	A 报复型	B 烦躁	C 勉强	D 轻率
40.	A 善变	B 狡猾	C 好批评	D 妥协

请统计 A、B、C、D 的数目。A 代表黄色活泼型性格；B 代表红色力量型性格；C 代表看色完美型性格；D 代表绿色和平型性格。

我的主要性格是_____，辅助型性格是_____。

课程设计
KECHENGSHEJI

【课题】多彩的性格 多彩的我

【主题背景】

少年心事当拿云，中学生也期盼着了解自己是谁，期待着给自己的生命一个定位。可是，认识自己是一件多么难的事情啊。这需要一种既有趣又能提供一定借鉴的了解自我的方法。把人的个性分组成四种类型，分别用红、黄、蓝、绿来代表,这就让中学生感到很有吸引力。性格色彩学是一种很简洁的模型,非常符合中学生的需要,所以就设计了这样的一堂课。

【适用年级】 七年级

【活动目标】

1. 探索性格与颜色的联系。

2. 了解各性格类型的特点。

3. 思考怎样优化自己的性格。

【过程与方法】

 开门见山,直入主题

1. 导语:每个人都有自己的性格,如何优化自己的性格,让自己变得更有魅力,是我们这节课要讨论的问题。(出示课题)

2. 出示教学目标。

3. 探索性格与颜色的联系。

 测一测,结果统计

 了解各种性格类型的特点

1. 详细讲述四种性格的优点和局限性。

(1)优点。

红:高度自信;敢于冒险;善做决断;直爽坦率;重视成效。

黄:高度随意;能说会道;生性活泼;乐观贪玩;随性而动。

蓝:高度自律;注意细节;善于分析;追求完美;乐于奉献。

绿:高度平和;耐心闲适;乐于助人;谦卑务实;配合怜悯;稳定随和。

(2)局限性。

红:缺乏耐心;攻击性强;固执;苛刻僵化;狂妄自大;争第一;对人要求高,对己要求低。

黄:杂乱无章;太情绪化;不切实际;不守规则;主次不分;玩是第一位的;对己对人要求都低。

蓝:挑剔控制;完美主义;多愁善感;忧心忡忡;批评多疑;对己对人要求都高。

绿:优柔寡断;逆来顺受;自我压抑;不善表达;缺乏主见;不能说"不";自我要求高,对人要求低。

2. 如何优化自己的性格。

红:减轻对别人的压力;学会放松、缓和、耐心和低调;避免争吵;学习包容和道歉。

黄:管住嘴巴;控制表现欲望;关心别人;不要太善变,脚踏实地。

蓝:要快乐起来;不要太敏感;加强行动力;发现别人的优点;降低要求标准。

绿:尝试新鲜的事物和思想;明确生活责任;避免得过且过;接受督促;多沟通表达。

 动一动:请你对他这样说

对红色的人说:你意志坚强,精力旺盛,遇到问题总是能用最快的速度找到解决的办法,你有理想,有抱负,你是天生的领导者。

对黄色的人说:你充满热情,有超级影响力和感染力,你有丰富的想象力,和你在一起乐趣无穷,你是天生的开心果。

对蓝色的人说:你有整理的天赋,你总是那么整洁有序,你明辨是非,思维严谨,你是天才的艺术家,你做事精确,你是真正的完美主义者。

对绿色的人说:你善于关怀接纳别人,你那么宽容,和你在一起,感到轻松、自信,你善解人意,你是和平的使者。

 小结

性格没有好、坏、对、错之分。

性格决定命运。

 布置作业

1. 利用今天所学知识,分析《西游记》中师徒四人的性格类型。
2. 记录这节课的心情和收获,思考今天所学对你的生活起到什么作用?

 实践反思
SHIJIANFANSI

处于青春期的青少年非常渴望获得自我认识,了解自己性格,了解自己还有哪些未知的优点和缺点。这节课运用性格测试,帮助学生全面了解了自己性格的优点和不足。通过心理测试了解自己只是一方面,更多的是有效地优化自己的性格,保持自己喜欢的优势,调整自己的不足。另外,还要引导学生知道性格没有好、坏、对、错之分,性格是可以随着环境的变化而改变的。

目前的测试只是当前自己的性格状态,只要心有所想,一定会得到自己想要的。

生活化瞭望
SHENGHUOHUALIAOWANG

性格色彩测试结果说明:

A 得分最多的代表黄色活泼型性格;B 得分最多的代表红色力量型性格;C 得分最多的代表看色完美型性格;D 得分最多的代表绿色和平型性格。

性格分析:

1. 黄色活泼型:外向、多言、乐观。

(1)特点:一群人里面说话最多的天生希望成为注意力的中心,具有很强的好奇心、热情、热心,具有表达能力,精力充沛具有干劲(但是却缺乏毅力,所以常常这干干那干干)。好表现,粗线条,轻许诺(因为热心所以常常答应别人,但由于记忆差所以常常答应后就忘记了)以自己的快乐为主。

(2)缺点:以自己为中心,爱打断别人的谈话,变化无常。这类人易交朋友但深入交往的朋友却不多,喜好多却不精,缺乏毅力。

(3)切入点:如果跟这类型的人交往,一定要多夸奖、多鼓励他,多给他说话的机会。

(4)自我规划:

① 管住自己的嘴。

② 控制自己的表现欲望。

③ 对自己的评价不要过高;关心自己的同时,也要关心别人。

④ 不要太善变,要脚踏实地,要做就要把一件事作完整。

2. 红色力量型:外向、行动者、乐观。

(1)特点:喜欢做主,行动力强,行动迅速,思考力稍弱;喜欢做目标,不达目的不罢休;充满自信,意志坚定;有活力,做事主动,不易气馁,是推动别人行动的人;粗线条,不容易适应环境(不过由于行动力很强,所以往往做事会有很大成就)。

(2)缺点:不易看到别人的需求,只看到自己的需求。做错事后很容易原谅自己,固执、易争吵、好斗,说话极易伤害别人。具有强迫性,很容易支配别人、无耐性。专横,经常人际关系差(这类人总觉得自己是对的,不太需要朋友,并且这类人天生行动力强。但是即使是正确的事情,也因为性格问题说话伤害到别人而得不到别人的支持和认同。)

（3）注意点：这类型严重者会很独断、霸道，容易让别人感到压力，相处很累。

（4）自我规划：

① 减轻对别人的压力，学会放松。

② 尝试接受别人的号召和意见，尝试耐心和低调。

③ 停止争吵让别人也感觉到放松。

④ 学习包容，学会道歉，学会坦然接受自己的错误放开胸怀（当一个力量型的人学会承认错误，那么他便成功了）。

3. 蓝色完美型：内向，思考者，悲观。

（1）特点：以思考为主，深思熟虑，严肃，有目标并且目标感很强；追求完美，有艺术天分；沉闷、关注细节；完美主义，高标准；想得多但做得少，做事前一定要先想个计划，有条理、有组织；交友慎重（但一旦交往 就会很忠诚地对待朋友）；关心别人，为别人牺牲是自己的意愿，情感丰富容易感动也容易受伤高标准——对自己要求高对别人要求也高希望一切都做得很好、很对。理想主义朝着自己的目标前进。

（2）缺点：行动力弱，优柔寡断，容易抑郁（常常是因为要求过高达不到时候就会很失望），容易自惭自愧，悲观，天生消极，易受环境影响，情绪化。

（3）注意点：这类型的人思考过分时会情绪低落。

（4）切入点：如果想和这种类型的人交往，一定要先打动他。但是不要过于热情，要一点一点地建立信任和感情。这种类型的人，一旦认同你后，会很忠诚。

（5）自我规划：

① 要快乐起来（没人喜欢郁闷的人）。

② 不要太容易受伤害，不要太敏感。

③ 不要把时间都用在规划上面，而不去行动。

④ 不要那么高标准地要求别人，他不是你，要放松下来，要去发现别人的优点。

4. 绿色和平型：内向、旁观者、悲观。

（1）特点：性格低调，易相处，很轻松、平和，有耐心，适应力强，无攻击性，很好的聆听者。具有外交手段（说话绕弯、不直接），人际关系好，所以朋友很多，不爱生气。

（2）缺点：不容易兴奋，拒绝改变，喜欢一成不变；目标感不强，看似懒惰，不愿承担责任；回避压力，沉默（不愿意沟通即使内心波涛汹涌⋯⋯），马虎、无主见(需要力量型的人给予指导,但不要施加压力),不善于做决定。

（3）切入点:和这类型的人交往,一定要鼓励、促进他。

（4）注意点:这类型往往毫无主见,做事漫不经心。

（5）自我规划:

① 让自己快乐起来,多尝试新鲜的事物,多接触不同的思想。

② 明确生活的责任,不要得过且过。

③ 有意识接受督促。

④ 多表达、沟通。

希望这些能够给大家带来帮助,知道自己哪方面需要成长,然后尝试改变,使自己更加完美!

青岛第七中学　刘　倩

发现最好的自己

课程素材
KECHENGSUCAI

【锦囊妙计】

1. 掌声响起来。

内容介绍：让学生预计一下，假如用最快的速度双手鼓掌，一分钟能鼓多少下？注意提醒学生不要进行太多的思考，把第一个进入脑海的数字写在纸的左上角。写完之后，就把记录着数字的纸倒扣在桌面上。然后，让学生鼓掌，看看实际数字是多少。

注意：老师拿着秒表计时，可以在40秒的时候喊停。学生一般意识不到时间不够，因为1分钟在他们原来的观念中很短。

2. 八抬大轿。

选一名志愿者作为被抬者躺在桌子上，双臂夹紧身体。然后选八个人作为抬人者，分两边站，分别把手指放到这同学的肩、腰或臀上以及大腿和小腿下面，喊"一，二，三"，然后就开始一起把这位同学轻轻地向上抬起。提醒大家注意安全。

课程设计
KECHENGSHEJI

【课题】发现最好的自己

【适用年级】七年级

【主题背景】

"我是一个什么样的人""我在别人心目中是什么样的形象""别人是喜欢我还是讨厌我"等一系列关于"我"的问题已经开始萦绕于初中生的脑海

里。很多初中生在作文、周记以及给我的咨询信中这样描述着:总在想自己的形象是否能被他人接纳;总感觉别人都在看着我,周围的人时刻在品评我;听到同学们在低声说笑,就以为是在议论自己;不明白别人为什么这么认为我;经常对着镜子沉浸在关于"我"的思考中……强烈的自我意识使他们对外界的评价很敏感,处于自我认同的危机中,容易陷入不自信甚至是自卑的情绪状态中。

【活动目标】

1. 通过游戏,认识并发现自己身上潜在的能力,从而增强自信心。

2. 激发自我意识,突破自我枷锁的束缚,挖掘自我的潜能。

3. 通过训练活动增强自信。

【过程与方法】

 游戏感悟

1. 掌声响起来。

(1)活动要求:首先让学生预计一下,假如用最快的速度双手鼓掌,一分钟能鼓多少下,把预计的数字写在纸的左上角。然后让学生鼓掌,看看实际鼓掌次数是多少。这个时候教师拿着秒表计时,在40秒的时候喊"停"。

(2)活动分享:把学生的结果写在黑板上,让学生来分享一下对这两个数字的一些想法。

很多学生差距很大,也有一部分学生想的和鼓的次数差距很小,所以认为自己的估计很准,这个时候教师出示秒表,原来只有40秒,然后再分享现在的感受。

(3)教师小结:真是不可思议的,手是我们自己的,鼓掌也不是什么高难度的动作,可我们还是估计得不准,还是过低地估计了自己的能力。在我们每天无数次摩擦的双手之中,居然蕴含着你我不知道的潜能。

2. 八抬大轿。

教师:从咱班随便选八个同学每人用两个手指就可以把一个同学抬起来,你相信吗?采访一下学生的理由。

选一名志愿者作为被抬者躺在桌子上,双臂夹紧身体。然后选八位同学作为抬人者,分两边站,分别把手指放到这位同学的肩、腰或臀上,大腿和小腿下面,喊"一,二,三",然后就开始一起把这位同学轻轻地向上抬起。大家要注意安全。

引导学生分享对于这个游戏的想法和感受。

教师小结:通过这个游戏,我们再次感受到自己能力是那么大,而自己却没有发现。当我们面对一件我们从来没有做过的事情时,通常会仔细思考在做这件事情时会遇到的种种困难,然后就因为我们想象的困难太多而放弃了这件事情。其实,这都是我们想象得太困难。当然在做的时候,你确实会遇到很多困难。可是只有你真正去做了,才可能知道你究竟能不能克服这些困难,你才能知道自己还有哪些不知道的潜力。

 我的发现

在这个世界上我们每一个人都是独一无二的,每一个人身上都有着许多非常珍贵的"宝藏"。今天让我们一起来寻找和发现这些"宝藏"。

1. 我的"宝藏"。

活动要求:以"我喜欢我自己,因为……"的句式写出自己的优点。

注意:

① 实事求是;

② 是自己的优点或是自己的进步;

③ 每个人至少找到自己的 5 个优点,多则不限。

分享时,让学生大声念出自己的发现,让他们感到拥有"宝藏"是一件非常值得骄傲和自豪的事情。

2. 我的礼物。

活动要求:以"我欣赏你,因为……"的句型写好卡片。

注意:要求做到真诚,所说的优点尽量不重复。

学生写好后举行一个赠送仪式,请送礼物的同学当面念出来并送给对方,也请收礼物的同学分享一下感受。教师在送礼物的过程中也要准备礼物送给学生。

 教师总结

今天,同学们都收到了一份珍贵的礼物,老师也为你们开心,同时谢谢同学送给老师的礼物,希望在今后的日子里,同学们继续相信自己,相信自己的价值。如果哪一天你灰心丧气了,就看看你今天纸上的数字,看看你收到的珍贵的礼物。请记住,你的能力超乎你的想象。同学们,满怀信心地向着梦想一步步前进吧,老师期待着你们精彩的表现。

 实践反思
SHIJIANFANSI

在课堂上,教师的主要任务是提出问题,引导学生参与活动,所有的感受

都由学生自主生成。教学环节清晰,主题中心突出,学生互动氛围轻松,发挥了学生的主观能动性。

这节课教师认真倾听学生的发言,同时对学生表现精彩处带领全班学生送上热烈的掌声,真正给予学生大力的肯定和热情的鼓励,从而大多数学生能积极踊跃地参与活动并增强自信。整个课堂气氛比较活跃,体现了以学生为主体的教育理念。课堂上充分激发了学生的参与兴趣,唤起他们的自尊心和自信心,做到了面向全体学生。在此过程中,很多学生也发现自己平时未知的潜能,挑战了自我,重识了自我。

心理课不是游戏课,不是课堂气氛越活跃越好,最重要的环节在于学生在活动后的体会与分享,只有深入学生的心灵,才能达到真正的目的。每一个活动之后,老师都要留时间让学生去谈体会,因为只有谈体会才能够让情感得到升华,也才能够引起全班学生的共鸣,达到最佳的效果,也才能够让课堂的效果延伸到学生的生活中,延伸到学生今后的每一天。

如何认识自己

自我意识是一个人对自己的身心状况以及与周围事物关系的认识和体验。青春期是自我意识的第二飞跃期。在这一时期,教师和家长应该对学生自我意识的发展和完善给予正确的引导和帮助。

1. 通过认识他人来认识自己。通过把自己与周围的同学作比较,与他们产生心理上的认同感,从而加深对自身特点的认识和了解。

2. 通过综合他人对自己的评价来认识自己。在青少年的成长过程中,所受到的他人评价,不管是消极的还是积极的,都会引起他们情感上的强烈反应。这种反应不但会引起新的自我认识,也会巩固或动摇已有的自我意识。青少年正是在现有自我认识的基础上,通过分析综合他人的评价,逐步建立起相对成熟的自我认识。

3. 通过自我探索来认识自己。主动自我关注、自我探索是自我认识发展的重要内部动力,是青少年认识自我的一条重要途径。要注重引导学生把注意力投向内心,对自己的心理状态进行分析,评价自己的个性、能力、爱好等;知道自己的长处和弱点,建立审视自己的机制;反省自己失败的经验教训,从而认识自我的不足;对自己成功的经验进行思考和总结,认识自己的能力和特长。

青岛第二十六中学　江　晶

假如我是……

课程素材
KECHENGSUCAI

【锦囊妙计】

1. "汪洋中的一条船"团体活动。

一张旧报纸,将报纸放在地面上摊开。用报纸象征汪洋中的小船,全体成员都乘坐在这条船,倘若小组中任何一学生身体的任何一部分接触报纸之外的地面就意味着活动失败。活动成功之后,将再报纸对折,"小船"的面积缩小一半,完成如前同样的任务。如果活动再次成功,然后再将报纸对折,依次类推。

2. 团体活动:"假如我是"。

假如我是一种动物,我希望是＿＿＿＿＿＿＿＿,因为＿＿＿＿＿＿＿＿＿＿＿＿。

假如我是一朵花,我希望是＿＿＿＿＿＿＿＿,因为＿＿＿＿＿＿＿＿＿＿＿＿。

假如我是一棵树,我希望是＿＿＿＿＿＿＿＿,因为＿＿＿＿＿＿＿＿＿＿＿＿。

假如我是一种食物,我希望是＿＿＿＿＿＿＿＿,因为＿＿＿＿＿＿＿＿＿＿＿＿。

……

课程设计
KECHENGSHEJI

【课题】假如我是……

【适用年级】七年级

【主题背景】

人生最困难的事就是认识自己,学生如果认为自己是一个天才,他会很容易自信,相反,如果觉得自己很笨。他就会很自卑。究其原因是心理暗示在起作用。在现实生活中,很多人不能正确认识自己,不能正常发挥自己的天赋。因此,本课设计的目的在于通过自己探究、合作交流等形式引导学生正确认识自己,树立积极健康的人生观和价值观。

【适用年级】七年级

【活动目标】

1. 通过游戏发现自己内在的潜力,从而增强自信心。

2. 激发自我意识,突破自我枷锁的束缚,挖掘自我的潜能。

3. 通过训练活动强化自信。

【过程与方法】

 暖身活动:汪洋中的一条船

1. 活动步骤见"锦囊妙计"。

2. 分享:你是怎样完成这个任务的? 你在完成这任务的过程中扮演了什么样的角色? 从中你体验到了什么?

 团体活动:"假如我是"

假如我是一种动物,我希望是＿＿＿＿＿＿＿＿＿,因为＿＿＿＿＿＿＿＿＿。

假如我是一朵花,我希望是＿＿＿＿＿＿＿＿＿,因为＿＿＿＿＿＿＿＿＿。

假如我是一棵树,我希望是＿＿＿＿＿＿＿＿＿,因为＿＿＿＿＿＿＿＿＿。

假如我是一种食物,我希望是＿＿＿＿＿＿＿＿＿,因为＿＿＿＿＿＿＿＿＿。

假如我是一种交通工具,我希望是＿＿＿＿＿＿＿＿,因为＿＿＿＿＿＿＿＿＿。

假如我是一种电视节目,我希望是＿＿＿＿＿＿＿＿,因为＿＿＿＿＿＿＿＿＿。

假如我是一部电影,我希望是＿＿＿＿＿＿＿＿＿,因为＿＿＿＿＿＿＿＿＿。

假如我是一种乐器,我希望是＿＿＿＿＿＿＿＿＿,因为＿＿＿＿＿＿＿＿＿。

假如我是一种颜色,我希望是＿＿＿＿＿＿＿＿＿,因为＿＿＿＿＿＿＿＿＿。

活动可以使用头脑风暴的方式快问快答,并交流分享彼此的想法。

 小组活动:走出圈外

1. 给学生布置"走出圈外"的小练习,共四圈,由圈外至圈内,每圈回答一个问题,将回答的内容写在圈中空白处,然后组内交流。

2. 圈的内容。第一圈:自己常常感受到快乐,但很少对人讲的一件事。第二圈:每想起就不开心,但又很少对人讲的一件事。第三圈:你的个人目标。第四圈:最能代表你个人核心特质的三个形容词。

3. 从外圈到内圈进行分享。

总结分享

1. 分享：从活动中，对自我及团体的感受如何？
2. 结束动作：爱的欢呼。

 实践反思
SHIJIANFANSI

认识自我是一个非常重要的事情，可是这个重要的事情一点也不容易，我们常常努力许久依然不得其门而入。使用"假如我是……"这样的活动方式，使学生从不同的角度来思考自我的定位，观察自己的角色和对自己的角色期待。头脑风暴可以激发学生的想象力和参与热情，而活动"走出圈外"则能引导学生步步深入，对自己有更深入的认识。课堂上，要拿出足够的时间让学生去谈体会，因为只有谈体会才能让情感得到升华，也才能够引起全班同学的共鸣，达到最佳的效果，并让课堂的效果延伸到学生的生活中。

生活化瞭望
SHENGHUOHUALIAOWANG

我很重要（节选）

文 / 毕淑敏

当我说出"我很重要"这句话的时候，颈项后面掠过一阵战栗。我知道这是把自己的额头裸露在弓箭之下了，心灵极容易被别人的批判洞伤。

许多年来，没有人敢在光天化日下表示自己"很重要"。我们从小受到的教育都是——"我不重要"。

作为一名普通士兵，与辉煌的胜利相比，我不重要。

作为一个单薄的个体，与浑厚的集体相比，我不重要。

作为一位奉献型的女性，与整个家庭相比，我不重要。

作为随处可见的人的一分子，与宝贵的物质相比，我们不重要。

我们——简明扼要地说，就是每一个单独的"我"——到底重要还是不重要？

我是由无数星辰、日月、草木、山川的精华汇聚而成的。只要计算一下我们一生吃进去多少谷物、饮下了多少清水才凝聚成这具美好的躯体，我们一定会为那数字的庞大而惊讶。平日里，我们尚要珍惜一粒米、一叶菜，难道可以对亿万粒菽粟、亿万滴甘露濡养的万物之灵掉以丝毫的轻心吗？

当我在博物馆里看到北京猿人窄小的额和前凸的吻时,我为人类原始时期的粗糙而黯然。他们精心打制出的石器,用今天的目光看来不过是极简单的玩具。如今很幼小的孩童,就能熟练地操纵语言,我们才意识到人类已经在进化之路上前进了多远。我们的头颅就是一部历史,无数祖先进步的痕迹储存于脑海深处。我们是一株亿万年苍老树干上最新萌发的绿叶,不单属于自身,更属于土地。人类的精神之火是连绵不断的链条,作为精致的一环,我们否认了自身的重要,就是推卸了一种神圣的承诺。

没有人能替代我,就像我不能替代别人一样。我很重要。

我对自己小声说。我还不习惯嘹亮地宣布这一主张,我们在不重要中生活得太久了。

我很重要。

我重复了一遍,声音放大了一点。我听到自己的心脏在这种呼唤中猛烈地跳动。

青岛第五十九中学　于明东

在困境中成长

课程素材
KECHENGSUCAI

【故事宝库】驴的故事

　　一头驴子掉进了一口枯井,它哀怜地叫喊求救,期待主人把它救出来。驴子的主人召集了数位亲邻出谋划策,还是想不出好的办法搭救驴子。大家最终认定,反正驴子已经老了,况且这口枯井早晚也是要填上的,于是人们拿起铲子,开始填井。当第一铲泥土落到枯井时,驴子叫得更恐怖了,它显然明白了主人的意图。

　　(1)驴子明白了什么意图?它怎样反应?

　　(2)如果这样下去,它最后的命运将怎样?

　　故事结尾:

　　当又一铲泥土落到枯井中,驴子出乎意料地安静了。人们发现,此后每一铲泥土落到它背上的时候,驴子都在做一件令人惊奇的事情,它努力抖落背上的泥土,踩在脚下,把自己垫高一点。人们不断把泥土往枯井里铲,驴子也就不停地抖落身上的土,使自己再升高一点。就这样,驴子慢慢地升到枯井口,在周围人惊奇的目光中,潇洒地走出了枯井。

　　(1)驴子为什么安静了?(想法)

　　(2)它出现了怎样的行为?最终结果是什么?

　　思考:

　　(1)驴命运的转折点在哪里?

　　(2)驴是用什么救了它自己?

　　驴的故事给你什么启示?

2. 校园剧场。

假设你现在去应聘一家大公司的营销主管,为了能选拔高素质的营销人员,面试官给你布置了一道实践性试题:把梳子尽量多地卖给和尚。

方式:

(1)分组:4～6人为一个小组。

(2)分工:选出1～2给小组做面试官,每位面试官有4次选中应聘人员的机会;其他小组调动全部人员智慧和力量,想尽办法通过面试,形式可以多种多样。

(3)准备:给面试官开会,保证公开、公平、公正。其他小组准备5分钟的时间。

(4)面试:每个组1.5分钟的时间。

(5)分享:通过这个活动,我的体会和收获有哪些?

课程设计
KECHENGSHEJI

【课题】在困境中成长

【适用年级】八年级

【主题背景】

人的一生会遇到大大小小的各种困境,无数成功者告诉我们:面对困境只有用乐观的心态积极面对,才有可能战胜困境走向成功。我们的学生也同样,他们在日常的生活中可能面临着来自学习、人际交往等各方面的"困境"。如果没有良好的心态和积极的行动去应对这些困境,那就可能会长时间身陷困境中,对其学习、交往等方面产生不良影响。因此,让学生懂得如何面对困境显得非常重要。

【活动目标】

1. 学习运用乐观心态和坚持不懈的努力面对困境。

2. 思考并解决在实际生活中遇到的问题。

3. 培养积极的认知能力,时刻保持一种乐观、愉快的好心情。

【过程与方法】

课堂约定

全身心参与课堂中的每一项活动,做到积极参与、用心倾听、乐于分享、有序守纪、尊重他人!

故事：驴的故事

（见"故事宝库"）

 绝对挑战

人的一生不可能事事如意、样样顺心，总会遇到困难、遇到挫折。就像驴子一样，我们也会遇到感觉好像无法克服的困难。遇到困难和挫折的时候，我们会怎么做呢？今天我们就现场挑战一下自己。

（见"校园剧场"）

 分享感悟

1. 分享自己遇到的困境、压力或者挫折，并分析自己当时的想法、做法以及结果。

2. 最后，让我们一起来分享一下这节课的收获。通过这节课，你学习到了什么？你有什么想说的话？

教师赠言：别为你的挫折感到伤感，坚信生命因挫折而精彩；别为你的坎坷感到忧愁，坚信人生因坎坷而充实，笑一笑，就如遇到幸福和快乐那样高兴吧！挫折和坎坷其实并不起眼，只要坚信我们的信念，坚信着我们的理想，坚信与努力过后便是胜利。坚信阳光总在风雨后，在经历了无数次的失败过后一定会是美好的明天！小草因坚持而生存，失败时因坚信而胜利，人生因坚信而快乐……坚持不懈也是一种美。

 实践反思
SHIJIANFANSI

本节课主要采用了体验式参与的教学方法，整节课前半部分是故事分析，从故事中得到启示；后半部分通过活动去验证、实践得到的答案。不论是面试官的经历，还是应聘人员的经历，都是学生在课堂上收获到的宝贵财富。学生特别喜欢参与到课堂活动中，自己去主导活动过程的形式。

生活化瞭望
SHENGHUOHUALIAOWANG

据传说，在中国远古的战场上，曾经有一名士兵被敌人的一种小箭射中了，他的同僚赶忙过去救他。

当同僚赶到时，他们发现，这个被小箭射中的士兵，不但没有死，甚至也没有受伤；更离奇的是，他的伤口并不是很痛，也没有流出很多的血。

这名士兵的同僚们，把他的箭拔出来，送他回后方养伤。经过一段日子，发现他原先早已罹患的某些疾病，在这一次箭伤之后居然发生慢慢改善的现象。

没多久，在战场上，另外一名士兵也被箭射中了，竟然又出现同样的现象；经过战场上的军医观察发现，有许多士兵都出现了这样的情况。

几位比较敏感的军医，他们注意到这样的一种现象并深入地加以研究，慢慢得到结论，进而依照他们的研究成果发明了在今天中医学上独具特色的针灸疗法。

在挫折中，可以学到的东西很多；在遭到所谓"伤害"的同时，你将会得到更佳的成长机会！

青大附中　范　芹

嗨, 青春期

课程素材
KECHENGSUCAI

【校园剧场】酸甜味道

我们四个女生从小玩到大,几乎每天形影不离。可是进入青春期后,我发现我们之间出现了许多矛盾。比如,李丽本来就长得漂亮,可王欣老说她臭美,李丽很伤心,逢人便说王欣嫉妒她;朱明总说王欣小气,出去玩从来不掏钱;我被她们认为是个爱讨好老师的"马屁精"……

和男孩子交往就没有那么多烦心的事,他们爽快、豪放、不斤斤计较、乐于帮助人。如在学习上,前排男生一直是我的竞争对手,我们常常以一两分之差排名第一或第二,可他从来不会因为这个而拒绝帮助我。只要我有困难,他都会主动地伸出手来。我常常参加男生的活动,还加入了他们的拉拉队。可是朋友们却说我对某个男生有非分之想,我还要不要继续和男生交往呢?

课程设计
KECHENGSHEJI

【课题】嗨,青春期
【适用年级】七年级
【主题背景】

告别童稚,长大成人,是一个漫长的过程。青春期是一个人从儿童到成年过渡的一个时期。当一个人处于青春期时,他的大脑就像一个安全措施不到位的生物化学实验室,随时都有发生意外的可能。处于青春期的人,在生理和心理上都会发生巨大的变化,性意识也随之觉醒。他们乐意与异性同学交往,男生在女生面前往往表现出健壮、刚强、宽容大度;女生在男生面前,则表现温柔、亲切、热情,这是正常的性心理的表现。但是有些学生往往不能很好地处理与异性同学的交往问题,因此有必要让学生了解有关性意识、性道德的知识,了解青春期的特点,学会与异性同学正常交往。

【活动目标】

1. 引导学生全面地认识自己。

2. 了解性心理变化的基本规律,为愉快健康地度过青春期做好准备。

3. 树立健康的异性交往观念,懂得与异性交往应该注意的一些规则。

【过程与方法】

 导入活动:直面我的变化

拿一张小时候的照片比较一下,想想自己的身体有哪些变化。

涂卡:我的小变化。如果你有一些变化,请将花瓣涂满。放音乐,学生涂事先准备的花瓣,男生和女生不一样,花瓣内容如下:

男生:

1. 身高:今年比去年增高许多。

2. 体重:今年比去年重了很多。

3. 肌肉逐渐发达,喉结突出,声音变粗,开始长胡须。

4. 我进入了青春期,有了第一次遗精。

5. 我开始对女同学产生好奇,也喜欢在她们面前表现一下男子汉的范儿。

女生:

1. 身高今年比去年增高许多。

2. 体重:今年比去年重了很多。

3. 胸部发育,骨盆宽大,声音变高变粗。

4. 我进入了青春期,有了第一次月经。

5. 我比以前更害羞,更喜欢漂亮。

 学习活动:认识青春期的烦心事儿

这些花瓣上的内容是我们在青春期的发育信号,它像号角一样,唤醒了人体的所有细胞。在身体器官开始蓬勃生长的同时,我们的内心也在发生着变化。请欣赏心理短剧《酸甜味道》(配乐:钢琴曲《酸酸甜甜就是我》)。

思考与讨论:你曾遇过这些问题吗?你是怎么处理的?

现在请同学们采用先默读再小组交流的方式学习资料卡《嗨,青春期》,了解青春期的心理变化。(出示资料卡《嗨,青春期》)

这个阶段我们与成人交流减少,但与同龄同学交往增多。在交往中,既表现出对异性各种情况的浓厚兴趣,又表现出对异性特有的害羞、难为情。通过资料我们了解到在青春期产生的对异性同学的好感,想与异性同学交往都是正常的心理。那么,我们应当怎样与异性同学正常交往呢?

 体验活动:与异性合作,众志成城

青春期的少年应该在公开场合、在集体活动中广泛地和异性交往,在交往中学习尊重异性、理解异性、体谅异性,在交往中提高交友能力、判断能力,在交往中培养自信心、责任感。

活动:游戏"众志成城"

每次请七八个学生做运动员,其余的学生做观察员。先请几组同性学生组成小组做游戏,再请异性学生组成小组做游戏。游戏时,要求观察员注意观察。"现场采访":引导学生发现同性小组与异性小组有什么不同,让学生用她的话来说明异性交往有准则可遵循。

规则:

(1)地上画一个正方形为"城"。

(2)"运动员"可以用任何方式进入正方形内,但两只脚都不能在"城"外,要求"运动员"全部在"城"内。

(3)"观察员"注意:哪个组同学步调一致,团结一心、动作迅速、组成"城"的人数多?

现场采访:游戏过后,你有什么发现?有什么感受?

小组活动:讨论在异性交往中需要注意些什么。

 巩固活动:总结在集体活动中与异性交往的方法

为了赢得更多的朋友,交往的技巧很重要。现在请同学们分成男女各两组,讨论你们欣赏和不欣赏的异性是怎么样的,然后贴到黑板上。

女生:

我所欣赏的男生类型是＿＿＿＿＿＿＿＿＿＿＿＿。

我不欣赏的男生类型是＿＿＿＿＿＿＿＿＿＿＿＿。

男生:

我所欣赏的女生类型是＿＿＿＿＿＿＿＿＿＿＿＿。

我不欣赏的女生类型是＿＿＿＿＿＿＿＿＿＿＿＿。

(学生能写多少是多少,不强求答案数量)

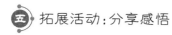 拓展活动:分享感悟

最后,让我们一起来分享一下这节课的收获。通过这节课,你学习到了什么?你有什么想说的话?

师总结:嗨,青春期,来了!人的容貌、身高都是天生的,我们很难去改变它,但是一个人的气质内涵是可以改变的。了解了青春期生理、心理知识的你,在参与集体活动中要通过自己的努力成为大家欢迎的人。

实践反思
SHIJIANFANSI

本节课主要采用了体验式的教学方法。课堂上,以学生为主体,特别强调学生的积极主动性,比如参与"众志成城"和"分组讨论"等活动。课堂讨论过程中,我们发现女生欣赏的品质有办事果断、沉稳而不失细心、开朗、知识面广、心胸开阔、乐于助人、有正义感、宽容、幽默、讲卫生、诚实等;女生不欣赏的品质有婆婆妈妈、凡事斤斤计较、抽烟、小家子气、欺侮女生、虚假、邋遢、小气、虚伪、摆型(每天用摩丝把自己头发擦得油亮、根根直立)等;男生欣赏的类型有:活泼、可爱、待人诚恳、大方、豪爽、心地善良、活泼开朗、乐观向上、宽容等;男生不欣赏的类型有:铺张浪费、过分爱打扮而自我标榜、自以为是、刁蛮、任性、心胸狭窄、做作不讲理等。

生活化瞭望
SHENGHUOHUALIAOWANG

青春期少年在对异性交往态度上有哪些变化特点呢?一般认为有下列三个时期。

(1)青春期心理异性疏远期:在小学高年级,青春期发育初,青春期心理的少年对性的差别特别敏感。由于第二性征的心理变化,这时青春期少年男性对自身所发生的巨变感到迷茫、害羞,本能地产生对异性的疏远与反感。青春心理对对方采取冷漠的态度,在共同的学习、劳动和游戏中很难调协,对立情绪明显增强;即使是"青梅竹马",男女界限也十分明显。此期持续半年至一年左右。

(2)青春期心理异性吸引期:进入初中后,随着性发育渐趋成熟,最显著的心理变化是最初表现为对异性排斥,后来转化为对异性的吸引及爱慕;在集体活动中,总希望能设法引起异性对自己的注意,留心异性的评价,观察他

（她）们对自己的反应，不愿意在异性面前受人批评、指责。

（3）青春期心理异性爱慕期：高中毕业时，青春发育完成，青春期的少年把感情集中寄托于自己钟情的一个异性身上，常在一起，情投意合，在工作、学习中互相帮助，生活中互相照顾体贴，憧憬婚后的美满生活。这时，青春期心理使他们对其他异性朋友的关心明显减少了，男生总在想方设法寻求机会与自己所爱的对象单独约会，不希望别的朋友参加。这时，青春期少年男性产生强烈爱别人的欲望，从而得到独立感的满足。

青岛嘉峪关学校　李　建

第三单元 情绪管理

　　情绪管理的主要目标在于掌握自我调节情绪的方法，做自己情绪的主人。情绪管理的主要内容包括两个方面：一是培养积极情绪，二是化解消极情绪。

　　青春期是初中生烦恼增长的时期，愉快情绪一般比不愉快情绪出现的次数少、强度小。因此，情绪管理不能把目标紧紧锁定在如何化解青春期消极情绪，更重要的是如何让青春期的学生不断体验到积极情绪，如学习的成功、友谊的珍贵、亲情的温暖和娱乐时的快乐等。同时，关注情绪体验的感受，为积极情绪体验创造条件。

　　培养积极的情绪包含以下两方面内容。

　　一是认识自己的情绪，形成合理认知。为此，可以通过生理和心理学的一般知识引导学生认识自己的情绪，通过换位思考和同理心沟通来认识他人的情绪，了解他人的感受和需要。此外，根据情绪 ABC 理论，情绪受认知的影响很大。对于同一个问题，不同的人有不同的认识，相同的问题还会产生不同的情绪体验，积极的认知能带来积极的情绪体验，消极的认知会导致消极的情绪体验。因此，引导学生改变认知的方式，使用积极的合理认知方式，是培养积极情绪的一条重要途径。

　　二是形成乐观的生活态度，乐观的态度往往会引发个体积极的情绪。为此，要引导学生以乐观、积极的态度面对遇到的困难和挫折，勇敢地面对现实，努力进取，永不放弃，对前途充满信心和希望。

　　教师应注重通过活动培养学生积极的情绪、情感，增加学生的积极情绪体验。在活动中，教师要引导学生全身心地参与、体验和分享。

天天有个好心情

课程素材
KECHENGSUCAI

【故事宝库】非洲之行

某制鞋公司的销售员小王和小李来到非洲考察市场,他们看到岛上居民光脚走路。回去后小王向公司汇报:"那个地方根本没有鞋子的市场。"而小李却是这样汇报的:"那个地方是开发鞋子的最佳市场。"

此故事适用于不同角度看问题所引发的不同情绪。

【绘声绘影】视频《傅老大快乐养生操》

傅老大快乐养生操。

第一节:走猫步——挺胸收腹扬头,脚后跟着地。

第二节:想美事——我年轻,我漂亮,我心里老美了,我老幸福了。

第三节:唱幸福——幸福就是毛毛雨,只有心里高兴,自己掉下来。

第四节:开口笑——我美,我开口笑。

课程设计
KECHENGSHEJI

【课题】天天有个好心情

【适用年级】七年级

【主题背景】

中学生正处于青春发育期,其情绪的波动性比较大,容易走极端,行为容易受到强烈情绪的影响,不能很好地驾驭自己的情绪,从而影响到正常的学习和生活。所以,对学生加强情绪管理的教育引导至关重要。

【活动目标】

1. 了解情绪管理的方式、方法。

2. 学会管理情绪，能够合理宣泄情绪，增强自我调控能力。

3. 培养对外界事物的影响，提高积极认知的能力。

【过程与方法】

 导入活动：认识多样的情绪

小游戏：你做我猜

全班推选两名同学参加表演，两位同学各表演一组情绪，让全班同学来猜，举手抢答。表演的过程中不能用语言，否则算犯规。

1. 高兴　　　2. 愤怒　　　3. 悲伤　　　4. 恐惧（害怕）

5. 着急　　　6. 忧虑　　　7. 害羞　　　8. 惊奇

不知道同学们有没有过这样的体验，当你心情好的时候做什么都开心，心情不好的时候做什么都觉得没有意思。由此可见，我们在学习和生活中受情绪影响很大。美国生理学家艾尔马曾经做过一个实验：将人在不同情绪状态下呼出的气体收集在玻璃试管中，气体冷却后变成水时他发现：

① 在心平气和状态下呼出的气体冷却后，水是澄清透明的。

② 在悲伤状态下呼出的气体冷却成水后，水中有白色沉淀。

③ 在愤怒、生气状态下呼出的气体冷却成水后，水中有紫色沉淀，将其注射到大白鼠身上，几分钟后大白鼠死亡。

由此，他认为人在生气时的生理反应非常剧烈，同时会分泌出许多有毒性的物质。

同学们，这样看来，如果我们长期处在不良的情绪中，就会影响我们的身心健康。下面我们一起来寻找管理情绪的好方法。

 想法变，心情变

在寻找方法以前，我们首先应该探究一下影响我们情绪的原因，这样才能对症下药。

1. 故事：非洲之行见"课程素材"中的故事宝库。

同学们，从这个故事中你受到了什么启发？

是的，同一件事情不同的人会有不同的想法。你的想法就像一副眼镜，它决定了你看到的世界的样子，影响着你的情绪！

改变你的想法可以改变你的情绪！

2. 大家来帮忙。

既然我们知道了很多时候是我们的想法影响着我们的情绪,那么我们应该怎样去调节情绪呢?我们一起来试一试如何通过改变想法来改变情绪。

老师出示几个场景,小组讨论:

(1)为什么有很多同学不喜欢我?我真的好苦恼!

(2)我这一次一定要考第一,考不到的话,我这个人就太失败了,就一点价值也没有了。

(3)她老在背后说我坏话,我真是气死了!

(4)妈妈一直这样说我,我是改不好了!

刚才我们通过改变想法帮助好朋友改变了坏心情。其实,调节情绪的方法有很多,改变想法只是其中一种。大家还知道什么样的方法可以很好地调节情绪吗?

学生讨论,分享感受。

3. 调节情绪的常用方法。

(1)转移注意力。

(2)合理宣泄:

①哭——适当的哭一场;

②喊——痛快地喊一回;

③诉——向亲朋好友倾诉衷肠;

④动——运动。

4. 自我暗示等

播放视频《傅老大快乐养生操》,让学生找出快乐养生操中运用了哪些管理情绪的方法,让他们在欢声笑语中了解管理情绪的方法,以及在生活中的巧妙应用。

 放飞好心情

1. 回忆过去。

首先请同学们回忆一下,在最近的学习和生活中你遇到了什么样的事情给你带来了糟糕的心情?将它写在纸上。

2. 放飞心情。

请同学们将这张纸叠成一架小飞机,我们一起把承载着烦恼的飞机放飞出去,让烦恼飞走,好吗?

现在大家的心情是怎样的?

分享感悟

通过这节课,你学习到了什么?你有什么想跟大家分享的?

老师祝愿大家天天有个好心情。

 实践反思
SHIJIANFANSI

本节课主要采用了体验式活动参与的方法。课堂上,以学生为主体,特别强调他们积极主动的参与,比如"你做我猜"和"大家来帮忙",学生快乐地参与,全身心地体验,拥有了转化情绪的能力,达到了优化学生的情绪认知、提高情绪品质的目的。

在这节课的讲授过程中,首先通过"你做我猜"环节,初步让学生放松心情,体验不同的情绪表达方式。接下来的环节通过故事感悟引入了埃利斯的ABC情绪理论,是为了让学生明白事物本身并不影响人,而是人们对事件的看法影响了人的情绪和心理。紧接着"大家来帮忙"环节展示了四个生活中常见的情景,让学生来表述合理的应对方法。对于这个环节,学生积极参与,出谋划策。

"放飞心情"环节让学生勇敢地自我剖析,在纸上写出"在最近的学习和生活中,你遇到了什么样的事情给你带来了坏心情?",写完后叠成纸飞机扔到纸篓里来宣泄坏情绪。这里也可以随机抽取几个纸飞机,请同学们一起想出改变心情的好办法。

 生活化瞭望
SHENGHUOHUALIAOWANG

初中生情绪发展具有以下特点。

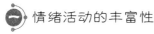 情绪活动的丰富性

在初中生的学习活动中,随着自我意识的不断发展,不断产生各种新的需要,而其需要的强度也在不断增加。由于新的需要不断涌现,初中生有了对自我认识的态度体验,如自尊、自信、自我、自负等。情绪活动的丰富性,也导致了初中生情绪更加趋于复杂化,其表现为情绪带上了文饰的、内隐的、曲折的性质,面部表情不再是内心世界的显示器。例如,有时对某种件事感到厌烦,但出于某种意愿,既可以表现得不在意,也可以表现出热心;对一个

人明明有好感，愿意接近，却由于自尊心或其他原因，会有意表现出冷淡的态度。

 情绪体验的冲动性

初中生情绪起伏较大，容易动感情，也容易激怒。这种冲动性与他们的生理发育特别是神经活动的兴奋过程强、抑制过程弱有一定关系。

表现：他们喜欢感情用事，遇事好激动，对自己认为不良的现象深恶痛绝，对罹难者则多有恻隐之心；他们对外部刺激反应迅速、敏感，高兴时欢呼雀跃甚至忘乎所以，失败时极端苦闷、悲观失望；有时为一点小事，或是动怒怄气、与人争吵，或是转向反面，变得泄气、绝望；在强烈的感情冲击下，可能会遇事武断、行为固执、不听劝告、我行我素。正因为狂热、愤怒和不冷静，而盲目做出一些追悔莫及的事，酿成不可挽回的后果。

 情绪活动的心境化

初中生情绪在时间上比小学生有更长的延续性，一件事引起的反应能够较长时间地留在心头，这种拉长了的情绪则会转为较稳定的心境。

表现：在愉快的心境下，心情舒畅，对周围的人和事都会感到满意，干什么事都有劲，甚至对平时不感兴趣的活动也津津乐道；相反，若心境不佳，则对什么事情都不感兴趣。由于情绪延续性的增加，他们不再出现破涕为笑的现象，在一段时间内，或是欢乐愉快，或是安乐宁静，或是抑郁低沉。他们在某一方面得到快乐和高兴的情绪，会延续成为良好的心境；由于挫折或失败引起的不快或苦恼的情绪，也会延续较长的时间，而成为闷闷不乐的不良心境。这种不良心境如果延续下去，不仅会影响初中生的学习和生活，也会影响他们的身心健康。

 情绪变化的两极性

初中生情绪变化的两极性具体表现如下。

（1）复杂与简单共存。进入中学以后，随着环境的改变、视野的扩大、知识的增多，初中生的情绪领域也在不断扩宽。情绪内容日趋复杂，其范围已经发展到对学习、生活、友谊等的体验，以及对一切所热衷的事物的体验。但是，由于诸多因素的影响，初中生的所有情绪体验，尤其是高级情感体验尚存在一定的简单性，如有的初中生对理想的追求仅仅是因为兴趣浓厚，对学习的热情仅仅是为了荣誉，把友谊理解为"义气"等。

（2）强与弱共存。初中生的情绪十分强烈，常常为一件事情，或暴跳如雷,或欣喜若狂,或垂头丧气。与此同时,他们的情绪还有着温和细腻的一面,在与知心朋友、所敬重的师长交往时,他们也会表现出温文尔雅、和颜悦色的形象;即使有令人不快的事情发生,有时也能冷静理智地对待和处理。

(3)波动和稳定共存。初中生的情绪波动性表现为情绪的大起大落,往往从一个极端走上另一个极端:顺利时晴空万里,受挫时愁云满天;今天对某人佩服得五体投地,明天又觉得他不屑一顾。与波动性相对的是稳定性,初中生在形成一种看法后,有时也会表现出一定的坚持性,不易改变。

(4)微妙的隐蔽性。初中生的情绪不再像儿童那样天真直露、心口如一,表现出文饰、内隐的性质,有时会把自己真实的内心情绪世界封闭起来,对自己内心的真实想法或真实情绪是否予以表现,时常会依时间、对象、场合而转移。但初中生毕竟阅历较浅、涉世未深,内心深处存在希望被理解的强烈愿望,依然比较坦露、直率,当意志不能完全控制情绪时也会锋芒毕露,当遇到知己时也会倾诉真情,所以,情绪的隐蔽性是相对而言的。

青岛第二十六中学　江　晶

我和情绪在一起

课程素材
KECHENGSUCAI

【校园剧场】跟自己的情绪在一起

步骤如下：

1. 让学生看到自己当下的情绪。

请一名学生到场中间来，让其选一名同学代表自己的情绪。然后，让他们两个跟着自己的感觉慢慢移动，并感受自己此时的感受；教师适时引导他们描述自己的感受。

2. 帮助学生学会和自己的"负性情绪"相处。

教师带领学生慢慢靠近自己的"负性情绪"，并引导他好好看着自己的"负性情绪"，看着自己"负性情绪"代表的眼睛，感受并表达自己此时的感受。教师引领学生跟自己的"负性情绪"进行对话，活动结束。

3. 引导学生谈自己的感受和领悟。

课程设计
KECHENGSHEJI

【课题】我和情绪在一起

【适用年级】七年级

【主题背景】

处于初中阶段的青少年，情绪极不稳定，同学之间经常会发生一些冲突事件，跟父母之间也是矛盾和"战争"不断；或者，有相当一部分学生，经常处于萎靡不振的状态，没有生活和学习的热情。这些情况，如果不及时调整，对于青少年的成长非常不利。针对这种情况，我设计了这样一个主题的活动，希望能对青少年的健康成长有所帮助。

【活动目标】

1. 辨别各种不同的情绪，了解情绪的基本特征。

2. 学会和情绪友好相处。

3. 培养学生乐观、积极地调控情绪的能力。

【过程与方法】

活动之前，先进行分组（同时起到热身的效果）。

活动一：视频欣赏——辨认几种基本的情绪

1. 观看视频。

2. 学生交流分享，感受视频中出现的几种不同情绪。

活动二：认识自己的情绪

1. 想象活动。

请同学们运用呼吸法带动身体全放松，然后进行想象：大大的"○"代表自己的心，小一点的"□"代表自己的各种情绪，看看此时自己的"○"内有多少"□"。可以试着给小"□"涂上颜色，感受一下，它们分别是什么颜色？是哪种情绪？

2. 小组内交流（每一个学生都说出自己所见，掌握学生的情绪状况）。

3. 小组代表在班级交流本组情况。

活动三：跟自己的情绪在一起

1. 角色扮演。

帮助学生看到自己当下的情绪。

具体做法：选择一名刚才在想象活动中出现负性情绪的学生到场中间来，然后请他选一名同学代表自己的负性情绪。引导他们两位跟着自己的感觉慢慢移动（不做任何思考，不说话），并感受自己此时的情绪；在适当的时候，教师引导他们描述自己的感受（在这个过程中，学生一方面可以看到自己真实的情绪状态，又可以看到自己对负性情绪的态度，即是喜欢还是讨厌）。

紧接着让学生学会和自己的负性情绪相处，处理活动过程中学生自然流露出来的情绪。

教师带领当事学生慢慢靠近自己的"负性情绪"代表，并引导他好好看着他，看着他的眼睛，觉察并表达自己此时的感受。慢慢地，学生会感觉自己的心情好了很多。然后，引导学生对自己的"负性情绪"代表表达："现在，我看见你了，我允许自己慢慢靠近你；同时也接受你是我生命里非常重要的一部分。""谢谢你，一直陪伴着我！谢谢你，一直保护着我！"慢慢地，就会看到,"负性情绪"会越来越靠近这学生,两者甚至拥抱在一起。引导他们这样的状态保持一会儿,可能又会发现"负性情绪"代表带着微笑慢慢地离开学生,到很远的地方,甚至在学生面前消失。而此时,学生也感觉自己非常轻松和舒畅。还可以试着增加一个学生代表其"轻松的心情",就会看到,"轻松的心情"向他招手或两人相互靠近,然后很开心地在一起……活动就此停止。

2. 学生谈自己的观察和感受(小组出代表)。

3. 集体想象练习:跟自己的情绪在一起。

在悠扬的音乐背景下,教师带领学生进行集体想象练习,使学生在想象中再次看到自己当下的情绪,并学会感谢自己的情绪,学会跟自己的情绪友好相处。

4. 学生谈想象练习之后的感受。

 我感悟我收获

通过这节课的学习,你有哪些收获?学生分享收获。

 作业布置

请同学们课下制作自己的情绪纪录表,学会觉察自己平日学习和生活当中的情绪,并练习同它们进行很好的对话,时刻觉察自己情绪的变化。

 结束

祝愿大家每一天都开心,快乐!

实践反思
SHIJIANFANSI

本节课引导学生从观看视频辨认基本情绪入手,使学生认识情绪的基本特征;然后,通过想象活动使学生感受到自己经历过的情绪。这种方式非常直接,学生自己现场体验远远胜过教师各种方式的讲解。小组讨论的学习方式,使学生对情绪有了更加全面的认识,不同的人会产生或体验不同的情绪,这跟个人的成长和心态有关。最吸引学生的活动是角色扮演的游戏——《跟自己的情绪在一起》,一个本来很抽象的感受,竟然可以用人来代表,并且它看起来还是有生命的,给人的感觉是很震撼的。而且,因为现场呈现的所有状态都是自然发生的,不具有任何表演性,所以学生都很信服,不需要再向他们讲解更多的东西,他们明白这是事实和规律,并全然接受。以致后来,学生经常要求老师多让他们开展这样的游戏。这种活动方式学生很喜欢,值得更多地应用和推广。

生活化瞭望
SHENGHUOHUALIAOWANG

系统心理学中的感觉分类

系统心理学认为,人的感觉可以分为四种:原生感觉,派生感觉,系统感觉,超然感觉。

原生感觉是最自然的情绪,允许它自然地流动和表达,它就会自然终结,而导致建设性的行动,这就是有益的治疗,接纳和顺从原生感觉不会导致失控。派生感觉则往往是压抑原生感觉后的病态表现,抱怨、暴力都是这样的表现,他们表达后会越变越糟。系统感觉是我们摄取了系统其他成员的感觉,它可以增强我们的同理心和其他生命的连接感,但我们必须有能力认清并区分哪些感觉是别人的,我们有权选择自己的生活和感觉。超然感觉是不带情绪的感觉和感受,是纯粹的能量,比如勇敢、谦恭、宁静、睿智等,这是我们生命的本来面目,需要我们付出巨大精力去学习、实践、掌握。

青岛第二十四中学　程秀灵

当"闹闹"找我时

课程素材
KECHENGSUCAI

【锦囊妙计】情绪外化

将内心的情绪进行外化处理，帮助自己相对客观地看待及处理情绪。如把负性情绪外化为"闹闹"（代号），描述情绪"闹闹"带给自己的感受：用心体会它带来的感觉，试着在脑海中勾勒出它的轮廓，把你看到的"闹闹"画出来。

课程设计
KECHENGSHEJI

【课题】当"闹闹"找我时

【适用年级】七年级

【主题背景】

青春期的学生正处于情绪情感发展的重要时期。青少年的情绪表现，充分体现出半成熟半幼稚的矛盾特点，容易出现负性情绪的困扰。我们常常发现，学生的心理困扰多来自对负性情绪的不合理认知以及不恰当的处理，导致影响了正常的生活状态。

【活动目标】

1. 在活动中体验、分享负性情绪出现时的感受。

2. 认识和接纳自己的负性情绪，体会并调整与负性情绪相处的方式。

3. 学习在接纳的基础上与负性情绪和解。

【过程与方法】

 导入新课

1. 课前约定。

积极地参与,真诚地分享,用心地聆听,不议论、不评判,只带走自己的感受,留下别人的故事。

2. 情境导入。

教师:在我们的生活中,常常有这样一些情绪,它们就像是一个个调皮捣蛋的小动物,时不时地出来扰乱我们的生活。它们有时会让我们有些失落;有时会让我们感到气愤,有时又会让我们陷入悲伤。

曾经,你是不是也有过类似的情绪? 当这样的情绪靠近我们时,它会给我们的生活造成很多困扰!

今天,老师给这些像小动物一样调皮捣蛋的情绪起了个名字,叫作情绪"闹闹"。

让我们一起来走近情绪"闹闹",看看当它靠近自己时是什么样子,我们该如何同"闹闹"相处。

 新授内容

1. 外化"闹闹"。

完成句子:

当我(伤心、生气、害怕)……的时候,我……(身体的某一部位)感觉到……

2. 画出"闹闹"。

(1)描述"闹闹"的样子以及内心感受。

(2)你是如何和它相处的?

小组讨论:

根据学生的总结,教师板书呈现三种基本的"闹闹"与主人的相处模式:

(1)指责;(2)不理;(3)安慰。

3. 我与"闹闹"。

教师提问:这三种不同的相处模式会带来怎样的结果?

情境体验(全体学生参与):

分别请三人扮演不同的主人。

思考与讨论:

对"闹闹":主人的三种态度分别让你感受到了什么? 看到主人这样的态度,接下来你会怎么做?

对主人：用三种不同的态度对待"闹闹"，"闹闹"对你的反馈分别是怎样的？

教师引导：在"闹闹"的陪伴中，我们渐渐地长大，相信你也一定有话要对"闹闹"说，请用 1～2 句话表达你此时的感受。

 教师总结

在学习和生活中，当"闹闹"靠近我们时，我们可能会有些不安或厌烦，这都是正常的。只要我们及时觉察、接纳、放下"闹闹"，相信它会帮助我们心灵的成长，带来更多积极向上的力量！

 实践反思
SHIJIANFANSI

本节课旨在帮助学生正确地认识、接纳自己的负性情绪，形成合理认知，并学习情绪管理的方法。因为青春期学生正处于情绪情感发展的重要时期，当学生面对负性情绪时，往往容易深陷其中，无法理性对待。这节课的设计旨在帮助学生从另一个视角重新审视自己的情绪，看作把内心的情绪做外化处理，独立于自我的另一个"生命"，以便能够相对客观和冷静地看待及处理情绪。然后通过绘画方式，把原本看不见摸不着的情绪直观、形象地表达出来，帮助学生看到情绪的样子，感受到它带给我们的感觉。另外，绘画过程本身也可以使学生的情绪得到释放和缓解。

心理学家研究发现：适当表达情绪也是一种释放情绪的方式，它有益于我们的身心健康。和情绪做朋友，情绪会给我们带来更多积极向上的力量。接纳情绪就是爱自己的表现。

生活化瞭望
SHENGHUOHUALIAOWANG

测一测：正性和负性情绪量表

指导语：这是一个由 20 个描述不同情感、情绪的词汇组成的量表，请阅读每一个词语并根据你最近 1～2 个星期的实际情况在相应的答案上画圈。

	几乎没有	比较少	中等程度	比较多	极其多
1. 感兴趣的	1	2	3	4	5
2. 心烦的	1	2	3	4	5
3. 精神活力高的	1	2	3	4	5

	几乎没有	比较少	中等程度	比较多	极其多
4. 心神不宁的	1	2	3	4	5
5. 劲头足的	1	2	3	4	5
6. 内疚的	1	2	3	4	5
7. 恐惧的	1	2	3	4	5
8. 敌意的	1	2	3	4	5
9. 热情的	1	2	3	4	5
10. 自豪的	1	2	3	4	5
11. 易怒的	1	2	3	4	5
12. 警觉性高的	1	2	3	4	5
13. 害羞的	1	2	3	4	5
14. 备受鼓舞的	1	2	3	4	5
15. 紧张的	1	2	3	4	5
16. 意志坚定的	1	2	3	4	5
17. 注意力集中的	1	2	3	4	5
18. 坐立不安的	1	2	3	4	5
19. 有活力的	1	2	3	4	5
20. 害怕的	1	2	3	4	5

● 测测你的易怒程度

下面是测量易怒值的一份试卷。假如碰上了这些可能惹人生气的情况，请你填出你对每种情况的易怒值。运用的数值为：0——你不感到厌烦；1——你表示有点不悦；2——你感到有点儿厌烦；3——你感到相当恼火；4——你感到非常愤怒。

1. 你取出刚买来的器具，把它组装起来以后，发现它是坏的。

2. 一位修理工敲竹杠，把你搞得狼狈不堪。

3. 你被人抓住把柄，而其他同学却溜之大吉，逍遥自在。

4. 你的自行车被人推进污泥里。

5. 你向老师请教，他答非所问。

6. 询问某人时，他向你装模作样，一问三不知。

7. 在一家肯德基店里，当你端着可乐走向桌子时，有人撞了你，可乐溅了你一身。

8. 你挂好衣服，有一位同学把它碰在地，且没有把它捡起来。

9. 你刚进店门就被一位售货员奚落一番。

10. 你与同学约好一起去郊游,且为此做了认真准备。可是,对方在最后一分钟取消了这个计划,弄得你狼狈不堪。

11. 你被人嘲笑或愚弄。

12. 你的自行车在交通灯前停了下来,后面的那个人不停地向你按车铃。

13. 在停自行车时,你不小心碰了人,那人对你大嚷道:"你是学倒骑车的吗?"

14. 有人出了差错,却嫁祸于你。

15. 你想集中注意力,但是附近的同学却不停地用脚轻叩着地板。

16. 你借给同学某件重要用品,到时他没有归还你。

17. 你放学回到家里,受家人的数落,责备你忘了一些答应过的事情。

18. 你与家人商量某件重要事情,父母不让你有机会表达自己的意见。

19. 你与某人闲聊,聊的是一个对方了解甚少却又自以为是的话题。

20. 当你与某人正在讨论某个问题的时候,第三者插了进来,且喧宾夺主,闹得你和对方都很尴尬。

21. 你遇到某个类似"秀才遇见兵,有理说不清"的尴尬局面。

22. 你赶路时,遭受几个人的愚弄。

23. 急性子偏遇磨蹭人。

24. 你用最后一枚硬币打电话,可是线路刚接上又中断了。你钱已没了,电话也打不通。

25. 你必须马上赶到某地,可在很窄的路段前方却有一辆车子在磨蹭。

答案或说明:

完成问卷后,请把易怒值计算一下,并将你所得的总分与下面的分值说明对照。

0～45分:你通常体验到的易怒值是相当低的,只有极少数的测试分数在这个范围里,你是其中之一。

46～55分:你比一般人更能沉得住气。

56～75分:你对生活中的厌烦事做出了常人的反应。

76～85分:你经常对生活中的厌烦事感到生气,你比一般人更容易生气。

86～100分:你是一个名副其实的火爆性子。你动辄发火,而且火气不会一下子消失。

青岛第七中学　刘　倩

我的情绪我做主

课程素材
KECHENGSUCAI

【故事宝库】开心王国

在一片森林里,有一个"开心"王国,住在这里的所有动物都很"开心"。在这个王国里只有一只小熊,他每天都"不开心"。于是,小熊决定去寻找"开心"的秘方,可是他问遍了所有的动物,大家都不知道这个秘方是什么,小熊愈加"不开心"了。终于,有只仙鹤把"开心"的秘方告诉了小熊,小熊高兴极了!它按照仙鹤所说,来到山顶,朝着山的那边大声喊道:我很"开心"……山谷立刻传来阵阵回声:我很"开心""开心""开心""开心""开心"……

【锦囊妙计】一杯水

活动过程:准备好一杯清水,然后将一把泥沙放进清水中。可以轻微摇动水杯。速度放慢,让学生看清楚实验的过程,对清水和浑浊的水有强烈的对比。

课程设计
KECHENGSHEJI

【课题】我的情绪我做主

【适用年级】七年级

【主题背景】

情绪作为人的心理活动之一,对人生活的各个方面都有着重大的影响,特别是对处于青春期早期的七年级学生,他们的情绪丰富多彩,同时波动起伏也很大,能否很好地调节自己的情绪,直接关系着学生人际关系的处理、学习效率,甚至关系着能否对自我有正确的认识。本课选择了以"换个角度看问题"为切入点,作为本课最为重要的内容,小切入,深剖析,大感悟,让学生能真正学会换个角度看问题,用积极乐观的心态面对生活。

【活动目标】

1. 认识消极情绪对人的影响,激发自己调节情绪的动机。

2. 学会换角度看问题,并能用来解决自己生活中遇到的问题。

3. 提高从积极的角度看问题,以积极的心态面对生活的能力。

【过程与方法】

课前播放轻音乐,引导学生放松,营造轻松、温暖的氛围。

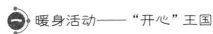 暖身活动——"开心"王国

教师提出问题:通过"开心"掌声,教师引导学生回想最近一周里体验最深刻的情绪是什么。根据学生所讲的这些情绪,将其分为两类:积极情绪和消极情绪。(课件呈现一些积极情绪和消极情绪的词语)

 初步感知——杯水实验

活动过程:准备好一杯清水,然后将一把泥沙放进清水中。可以轻微摇动水杯。速度放慢,让学生看清楚实验的过程:清水和浑浊的水有强烈的对比。

学生思考问题:

1. 你观察到什么现象?

2. 如果把这杯清水看成你的生活,这把泥沙看成你体验到的消极情绪,你想到了什么?

学生回答,教师总结:消极情绪会干扰我们的生活,让生活变得浑浊、混乱造成很大的影响。

学生思考问题:消极情绪会对你的生活产生哪些影响?

学生分享后总结:

消极情绪会对身体健康、记忆、学习效率、人际关系、水平的发挥等等生活的各个方面都会有产生很大的负面影响。因此,我们要学会善于调节自己的情绪。

 深入探究——情绪调节小秘方

1. 小组讨论:平时调节情绪的小技巧。

学生分享,教师将学生分享的技巧做归纳和展现。

2. 教师展示图片。

引导学生思考并讨论:同样的一件事情,都是遇到下雨天,为什么大家却

有这么多如此不一样的情绪体验?

3. 学生得出结论:换个角度,用积极乐观的心态看问题,能经常感受到愉悦的心情。

4. 教师引导听录音:小伟学习很努力,成绩很好。每次考试之后,他都痛恨那些比他考得好的同学。临近中考,小伟觉得超过他的同学越来越多,自己离理想越来越远。一天夜里,小伟偷偷翻窗进入教室,把他认为会对自己构成威胁的同学的书和笔记本统统装进麻袋里,拿到学校外烧掉了。事后,小伟受到了学校的警告处分,他对自己所做的一切后悔极了。

学生思考以下问题:

(1)小伟表现出来什么样的情绪?

(2)他的情绪背后的意图是什么?他采取了什么行为?导致了什么后果?

学生交流分享。

教师引导学生思考:

刚刚我们提到想法不同情绪就会不同,行为和结果也会不同。那小伟如果换一个角度想一想,又会有什么不同的结果呢?

小组讨论:请大家仔细看表格,看看产生下面这些情绪的想法可能是什么,又导致怎样的结果。小组讨论后把最合适的答案填在小组讨论单中,时间是 4 分钟。

想法	情绪	行为	结果
例:别人都比我强,我完蛋了。	绝望	铤而走险,烧掉同学的书	受到学校处分,感到非常后悔
	焦虑	抓紧一切时间,埋头苦读	
	平静	继续努力地学习	
	振奋	向超越自己的同学请教,不断改进自己的学习方法	

讨论结束,教师引导学生分享。

教师小结:同样的一件事,不同的情绪体验,会带来不同的行为和结果,关键在于我们对事件有怎样的看法。小伟的事情再次向我们证明了想法决定着情绪,并决定着我们的行为和结果。

 实践练习——情绪小医生

教师:现在让我们来当一回情绪小医生,给下面这些同学开个处方吧,并写下你的期望结果。

1. 因为误解,和好朋友闹矛盾,很伤心。

2. 父母总是唠叨,太烦了。

3. 期末考试要来了,好焦虑啊。

小组讨论,将你们觉得最好的处方写在小组讨论单中。

 深化认知——杯水实验续

教师再次请学生观察开始的那杯水,寻找新发现:水又重新变得清澈透明。

教师引导学生感受杯水带来的启发。

学生分享交流。

教师总结:其实,每个人在生活中都会不可避免地遇到不如意之事,最重要的是我们自己能够静下心来,以一颗乐观、宽容的心态去对待;从积极的角度看问题,我们的生活就会重新清澈、明亮起来。假如融入了泥沙,那也没关系,接受它们的存在。感谢它们丰富了我们的生活。祝愿每一位同学都能做自己情绪的主人,拥有轻松愉快的生活。

实践反思
SHIJIANFANSI

“情绪”在中学生心理辅导中是一个常见话题。“开心王国”是一个能充分调动学生情绪的游戏。不断地拍掌既活跃了气氛,拉进了师生的距离,同时也很自然地引出了主题。在引导学生认识消极情绪的危害方面,宜将形象观察和抽象思考结合起来,教师运用“杯水实验”让学生直观地感觉到消极情绪对生活的负面影响,再由此让学生深入思考和延伸消极情绪会对生活的哪些方面产生负面影响,这样自然地就让学生体验和认识到消极情绪的危害,激发其调节情绪的动机,为下一步探索情绪小秘方做好铺垫。

本堂课给人感受最深的地方有两个。一是只要相信学生,学生便会给你无限精彩。之前教师担心学生在“小伟的案例”和“情绪小医生”环节做不好,事实证明,学生永远比我们想象的要出色。二是初中心理课多以活动为主,而且活动一定要充分,但之前因为时间紧,在“情绪小医生”中我便让一个大组讨论一个症状再分享。后来指导老师提到这样做学生的体验不是很深刻,其他症状没有经过自己的思考仅仅是听到了触动并不大。于是,在后来的课堂,教师留了充足的时间给这一环节,让学生充分讨论和交流,从而有了深刻的感受和收获。

生活化瞭望
SHENGHUOHUALIAOWANG

【历史情绪故事】

材料一：据我国史料记载，伍子胥在过韶关时陷入进退两难的处境，结果一夜间须发全白。

材料二：《三国演义》中的周瑜才华出众、机智过人。但诸葛亮利用其气量狭小的弱点，巧设计谋，断送了他风华正茂的性命。

材料三：《儒林外史》中的范进，多年考不中举人，直到50多岁时才终于听到自己金榜题名，从而"喜极而疯"。

【名人支招】

美国总统林肯，出身贫寒，幼年便被迫工作以维持生计，年轻时曾做过邮递员，后通过努力成为美国当时出名的律师。他曾多次参选总统，到第八次才如愿以偿。他相貌丑陋，对政敌采取感化的态度，常常使他受到反对派的奚落。特别是在竞选总统期间，他的对手更是不遗余力地嘲讽他，从他的出生、相貌到多次失败的经历都一一给予奚落甚至污蔑。林肯很生气，但他并没有发作，而是写信给那个污蔑他的人——用最解恨最恶毒的语言淋漓尽致地骂，骂完了，也写完了，再把信撕掉扔进垃圾桶里。发泄完了，他心情也好起来了。他这种宣泄愤怒和痛苦的方式，到现在还被人们所称道。

【名人名言】

知道在适当的时候自动管制自己的人就是聪明人。

——［法］雨果

青岛第七中学　　刘　倩

想发脾气怎么办

课程素材
KECHENGSUCAI

【故事宝库】

钉子

从前,有个脾气很坏的小男孩,常常发脾气。一天,他父亲给他一大包钉子,要求他每发一次脾气就必须用铁锤在他家后院的栅栏上钉一颗钉子。第一天,小男孩共在栅栏上钉了 37 颗钉子。过了几个星期,由于学会了控制自己的愤怒,小男孩每天在栅栏上钉钉子的数目逐渐减少了。他发现控制自己的坏脾气比往栅栏上钉钉子要容易得多了……最后,小男孩变得不爱发脾气了。他把自己的转变告诉了父亲,他父亲又建议说:"如果你能坚持一整天不发脾气,就从栅栏上拔下一个钉子。"经过一段时间,小男孩终于把栅栏上所有的钉子都拔完了。父亲拉着小男孩的手来到栅栏边,对他说:"儿子,你做得很好。但是,你看一看那些钉子在栅栏上留下那么多小孔,栅栏再也不是原来的样子了。当你向别人发过脾气之后,你的言语就像这些钉子一样,会在人们心灵里留下伤痕,无论你说多少次对不起,那些伤口都会永远存在。其实,口头上对人们造成的伤害与伤害人们的肉体没什么两样啊!"

【绘声绘影】

观看电影《冰雪奇缘》片段。

课程设计
KECHENGSHEJI

【课题】想发脾气怎么办

【适用年级】八年级

【主题背景】

青春期中学生的身心处于一种非平衡状态,容易引发种种矛盾心理,尤其表现在情绪波动比较大,情绪反应比较强。心理学研究发现,当人们产生不良情绪时,合理的宣泄有利于心理平衡。据调查,学生宣泄情绪的方法受父母影响较大,很多学生不知道如何正确处理情绪,不是伤害了自己,就是伤害了他人。有些人采用的宣泄情绪方法是发脾气、打架、摔东西、打游戏、吸烟、喝酒,更有甚者自残、自杀!导致宝贵的生命轻易丧失掉。因此,处在青春期阶段的中学生,学生合理调节情绪,有效宣泄情绪显得尤为重要。

【活动目标】

1. 引导学生觉察自己的情绪及表达方式,并认识不同的情绪带有能量。
2. 帮助学生学会合理的管理和调节情绪的方法。
3. 学会用积极健康的心态直面生活中的不同情绪。

【过程与方法】

 热身活动:情绪的力量

1. 两人一组,A把一只胳膊伸出来,与身体成直角,让B轻轻下压,A要使劲抗拒,留意对方身体的力度。

2. 现在想象自己被惹怒的情景,并将你的怒气转移到你的胳膊上。并出现一个钢铁或者别的形象,准备好后,再请你的同桌开始下压你的胳膊,这一次你不要使劲抗拒,但要保留暴怒的能量在胳膊上。

3. 两次力度对比。

4. 互换角色。感受情绪的力量

教师幻灯片展示:情绪的能量,请学生自查:当我_____的时候,我的身体感觉是_____。

 能量的爆发

观看《冰雪奇缘》片段,再次感受情绪的力量。

思考:当我感到情绪不好的时候,

我选择使用的方式是_____,它可能会造成_____的影响。

我的父母使用的方式是_____,它可能会造成_____的影响。

小组交流,全班分享。

 能量的转移

请学生把大家列举出的不同宣泄方法进行归类,填入表格,分为"恰当

的""不恰当""中性的"。

同学们,你能把上面同学们列举的宣泄方式重新整理一下吗?请把它们列入下面的表格,看看哪些是恰当的、哪些是不恰当的。填完后交流一下,小组代表发言。

恰当的	中性的(就具体情况而言)	不恰当的

教师小结:我们要选择合理的情绪宣泄方式,以减少对人对己的伤害。要注意以下四点:"以不损人害己为前提""以适合自己为首选""以悦己怡人为上选""以经济方便为原则"。

 故事启发:《钉子》

引导学生讨论这则故事,进一步明确情绪给人带来的伤害。

 情绪,我想对你说

当我感到_____的时候,我的身体会_____。

我知道我需要为你做些什么了。

为此,我选择用_____的方式来表达,希望你能喜欢,谢谢你的陪伴。

 祝福收获

播放《冰雪奇缘》片段,祝福大家像艾丽莎一样找到适合自己的方法,合理地转化自己的情绪。

本课《想发脾气怎么办》侧重于提升学生的自察和感悟能力,如"当我感到_____(情绪词)的时候,我身体的感觉是_____;我的情绪宣泄方式是_____,我看到父母的宣泄方式是_____,我觉得可能造成的后果是_____"。这些自察和自省活动对领悟能力强的学生更具渗透力,也能取得更好的教育效果;对那些自察和自省能力稍弱的学生也会有不同程度的提升,事实证明也是这样。另外,在课堂重点难点的把握上,则侧重于让学生自己体悟什么才是合理的情绪宣泄方法,从学生随堂上交的课程心理感悟来看已达到了预期的教学目标,学生能够认识到发脾气可能带来的后果,并学会理性选择合适自己的宣泄方法。

生活化瞭望

调节情绪的方法

不良情绪是作为一种消极的心理状态出现的,除了可通过适当的途径宣泄外,还要学会情绪的自我调节。自我调节常见的方法有以下几种。

(1)语言暗示法。

语言暗示对人的心理和行为有奇妙的作用,有时人们往往忽视了它的潜在作用。当烦恼袭来时,总喜欢说"烦死了"或"这回我死定了"等类似的消极暗示语,这样不但不利于缓解情绪,而且会加重自己的烦恼。不妨换一种暗示方法,如"别急,相信一定有办法解决"来鼓励和安慰自己。这样的语言暗示看似简单,但这对情绪的好转有明显的作用。

(2)目标转移法。

当个体一旦陷入忧郁、焦虑等不良的情绪而不能自拔时,就要改变一下自己的注意目标,使引起消极情绪的兴奋点暂时被压抑,从而及时激发积极愉快的情绪。具体做法是,把不顺心的事先放下,去干喜欢的事,如打球、游泳、看电影、听音乐等以度过情绪低落期。这虽是消极的调节方法,但能暂时控制事态,并有利于向好的方面发展。

(3)环境调节法。

客观环境对人的情绪起着重要的影响和制约作用。改变环境可以起到调节情绪的作用。在日常生活中,我们经常可以看到,当两人吵架时,如果劝架的人不把其中的一人拉离现场,不但不能解决问题,反而会使自己也身陷"战火"。因此,当一个人出现不良情绪时,可以换个环境去呼吸新鲜空气,有助于缓解一时的不快。

(4)自我宣泄法。

记日记是最常用和最有效的心理自我调节的方法。通过记日记,可以不受任何限制地发泄心中的怒气、怨气、不满,最终求得心理平衡。

青岛第七中学 刘 倩

情绪魔方

课程素材
KECHENGSUCAI

【故事宝库】

1. 被苍蝇击倒的世界冠军。

1965 年 9 月 7 日,世界冠军争夺赛在纽约举行,路易斯遥遥领先于对手,十分得意,只要再过几分钟便可登上冠军的宝座了。然而意想不到的事情发生了,一只苍蝇落在主球上。开始,他根本没在意,一挥手赶走苍蝇,俯下身准备击球。可当他目光落到主球上时,这只可恶的苍蝇又落到主球上。观众笑了,路易斯又去赶苍蝇,可这只苍蝇好像故意要和他作对,他一回到台盘,苍蝇也跟着飞了回来,引得观众哄堂大笑。路易斯情绪坏透了,勃然大怒,满脸通红,愤怒地用球杆去击打苍蝇,不小心球杆碰动了主球,被裁判判为击球,从而失去了一轮机会,冠军由此擦肩而过。第二天早上,有人在河里发现了他的尸体,他投河自杀了。

2. 改变命运的话。

战争年代,一位名叫瑟玛的年轻女子不幸滞留在沙漠。她受不了恶劣的条件,生不如死。后来一句话改变了她的生活态度,瑟玛最终成为一名作家,沙漠生活成了她创作的重要素材。

课程设计
KECHENGSHEJI

【课题】情绪魔方
【适用年级】七年级

【主题背景】

中学生正处于青春发育期,情绪的波动性比较大,容易走极端,行为也容易受到激烈情绪的影响,常常由于不能很好地驾驭自己的情绪而影响到正常的学习和生活。所以,在心理课堂加强情绪管理的教育引导至关重要。

【活动目标】

1. 认识诸多情绪的存在,懂得面对和接受不同的情绪。

2. 学会用情绪 ABC 理论换个角度看问题,调节情绪的基本方法与技巧。

3. 达到基本的行为改变和认知改变,化解烦恼,寻找并初步掌握适合自己的情绪调节方法。

【过程与方法】

 导入

教师小结:人生,如果只看到缺憾,那就是在扼杀快乐,收获的只有痛苦,而痛苦丝毫不会解决问题;快乐之道在于拥有了好心情,从而增强了我们面对人生、面对困难的勇气和力量,接下来的问题也将不是问题。

对,我们今天一起来探讨的就是"观念改变情绪"。

 情绪给人带来的影响

俗话说,人有悲欢离合,月有阴晴圆缺。人类的基本情绪都是不可缺少避免的,通常分为积极情绪和消极情绪。那么,它们会给人类活动产生怎样的影响呢?

小故事 被苍蝇击倒的世界冠军

1. 1965 年的世界冠军争夺赛中,遥遥领先的路易斯胜利在望。却因苍蝇的干扰,情绪大坏,不但痛失世界冠军,还放弃了自己的宝贵生命。

思考:假如你是路易斯会怎么办? 分组讨论。

2. 二战时期不幸滞留在沙漠附近的瑟玛,难以忍受高温、饥饿和孤独的侵袭,想一死了之。这时,一句话改变了她,这句话是"两个人从监狱的铁栏杆往外看,一个看见烂泥,另外一个看见星星。"在这句话的影响下,瑟玛客服恶劣环境,渡过难关,经过努力成为一名作家。

这则小故事又给了你怎样的启发?

 背景小知识:情绪 ABC 理论

面对同一件事,如果我们对它进行积极的评价,就会产生积极情绪;如果进行消极评价,就会产生消极情绪,这就是心理学上的情绪 ABC 理论。事件

产生什么样的情绪取决于对事件的评价。

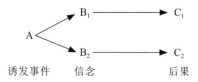

结论：事物本身并不影响人，人们只受对事物看法的影响。

 学以致用

1. 创设情境，学以致用。

请同学们回忆自己生活中一次不愉快的情绪经历，想想当时的事件（A）、自己当时的想法（B_1）以及由此带来的不良情绪（C_1）。现在请你转换一下对当时事件的评价（B_2），实现情绪向良好方向的转化（C_2）。

例：刚刚穿上的新衣服被飞驰而过的汽车溅上了污水（事件 A），你的想法是"这个人好没素质，下雨天开车这么猛（B_1）"，情绪结果则为"气愤、沮丧（C_1）"；转变想法"这个司机可能有很急的事，衣服用水一冲就干净（B_2）"，则情绪结果为"平静、开朗（C_2）"

事件	评价	情绪结论
	B_1：（负面）	C_1：
	B_2：（正面）	C_2：

小组交流，然后分享。做这个活动后有怎样的感触？

因此，我们可以知道当事件无法改变时，如果希望改变情绪状态，那首先要改变自己对事物的评价。

情景：怎样帮助这个老爷爷高兴起来？

2. 联系实际，消除烦恼。

同学们生活中可能会碰到很多烦恼的事，请联系实际想一些简洁有效的技巧调节自己的情绪，保持健康快乐的心态。

小组之间进行讨论，并分享成果。

师生概括:调整情绪的方法有 3 种。

A:合适的——情绪宣泄法(大哭一场一吐为快、借物宣泄、欣赏音乐、运动)、转移法、呼吸调节法、表情调节法、转换思维法、自我暗示法。

B:中性的——如购物、吃零食等。

C:不合适的——暴力宣泄、报复打击别人等。

送给同学们塞缪尔的一句话:人生就如一面镜子:皱眉视之,它也皱眉看你;笑着对它,它也笑着看你。

结束语:同学们,人生不如意事十之八九,让我们经常运用合理情绪 ABC 这个好办法,那我们每个人都可以拥有多彩的人生,只要我们愿意转换我们的视角,在生活中尝试换一种活法,换一种角度看问题,便会收获意想不到的另一种心情、另一种体会。

希望今天这节课能给大家带来一些思考与启迪。最后祝大家,今天快乐,天天快乐,成就自己的多彩人生。

实践反思
SHIJIANFANSI

对于已经步入青春期的中学生,生理成长和心理变化是引起情绪波动的主要原因。

本课以学生的情绪体验为主导,推动整个活动的开展。通过两则小故事引出交流的情绪主题,引导学生发现我们的情绪无好坏之分,但情绪引发的行为有好坏之分。学生分享自己的情绪故事,从他们积极的情绪故事和消极的情绪故事中,引导他发现,我们会无意识地运用一些方式化解自己的消极情绪,同时感悟到与他人分享积极情绪是很快乐的;然后引出合理情绪疗法(情绪 ABC 理论),教会学生如何面对和看待消极情绪,纠正不合理信念。整个活动过程,我都十分注意尊重学生的情绪体验,努力营造出让学生倾心交谈的活动空间。

学生需要一个表达的空间、一次分享的体验。他们喜欢平和的交谈,喜欢老师略带诙谐的语调,喜欢被尊重的幸福感。

生活化瞭望
SHENGHUOHUALIAOWANG

情绪 ABC 理论

情绪 ABC 理论也称合理情绪疗法,是 20 世纪 50 年代由阿尔伯特·艾丽斯在美国创立的。它是认知疗法的一种,因此采用了行为治疗的一些方法,故又被称之为认知行为疗法。合理情绪疗法的基本理论主要是情绪 ABC 理论,这一理论又是建立在艾利斯对人的基本看法之上的。

艾利斯宣称,人的情绪不是由某一诱发性事件的本身所引起,而是由经历了这一事件的人对这一事件的解释和评价所引起的,这就成了情绪 ABC 理论的基本观点。在情绪 ABC 理论模式中,A 是指诱发性事件;B 是指个体在遇到诱发事件之后相应而生的信念,即他对这一事件的看法、解释和评价;C 是指特定情景下个体的情绪及行为的结果。

通常人们会认为,人的情绪的行为反应是直接由诱发性事件 A 引起的,即 A 引起了 C。情绪 ABC 理论则指出,诱发性事件 A 只是引起情绪及行为反应的间接原因,而人们对诱发性事件所持的信念、看法、解释 B 才是引起人的情绪及行为反应的更直接的原因。

青岛第七中学　刘　倩

第四单元 人际关系

人际交往是中学生成长中非常重要的一部分,很多中学生会因为人际关系处理不好而影响生活和学习。人际交往辅导的主要目标是提高初中生人际交往的技巧和能力,使他们学会交往与合作,懂得尊重、理解、信任、宽容别人,接纳自己不喜欢的人,掌握人际交往的方法和技巧,增强人际协调的能力。本单元的主要内容包括师生关系辅导、同伴关系辅导、亲子关系辅导和沟通方法辅导等。

师生关系辅导的主要内容是引导学生感受到老师对学生的爱,并能理解、尊重和感恩老师,学会与老师交流的方式和技巧,珍惜和老师的一段师生缘分。

同伴关系辅导的主要内容是引导学生加强同学之间的互相交流,同一个班级的同学不要互相排斥,接受每一个同学都是班级的一份子的事实,学会处理同伴之间的矛盾冲突,提高自己的社会交往技能。

亲子关系辅导的主要内容是引导学生感受到父母的爱,并全然接受父母爱孩子的方式,尊重和感恩父母,并学会有效地与父母沟通,形成和谐的亲子关系,感受到生活的幸福。

沟通方法辅导的主要内容是引导学生认识良好沟通的重要性,并引导学生主动探索和分享有效沟通的方法和技巧,真正有效地帮助学生提升人际沟通的能力,使他们拥有良好的人际关系,感受到生活的快乐。

爱在我家

课程素材
KECHENGSUCAI

【故事宝库】她看起来是如此爱我

我来自一个单亲的家庭。我的妈妈声音温和、柔美,眼中笑意盈盈,似乎任何指责和她都没有关系。她从不愿从我的恐惧和孤独中发现问题。她觉得我什么也不缺:有一个伟大而勇敢的母亲,为了孩子而终身没有改嫁,善良,高尚,令所有的人称道。所以,她需要我无止境地陪伴着她,不让我去找同学玩耍。我不敢让自己讨厌她,因为她看起来是如此完美,看起来是如此爱我。但是,我心里涌动着走出这个家庭的狂潮……

(制作成录音,上课时直接播放;用在课程的导入环节)

【校园剧场】情景剧《妈妈的唠叨》

有一天,妈妈很晚下班回家,看见"你"又在看电视,就生气地说:"整天就知道玩,看电视,打游戏,学习成绩又不优秀……"而"你"明明已经做完了作业,于是就愤怒地回应:"你自己在外面没本事,受了气就往我身上发!"

(内容制作成课件,要求学生课堂上临时准备,即兴表演)

课程设计
KECHENGSHEJI

【课题】爱在我家

【适用年级】七年级

【主题背景】

初中阶段,学生逐渐产生了较明显的逆反心理,容易与父母发生误解、矛盾甚至冲突,导致双方关系疏远或紧张;若不加以及时、妥善的引导或解决,将会严重影响他们的学习和成长。因此，设计此课，希望学生通过自己的亲身体验，学会感受和接受父母的爱；同时，以合适的方式处理与父母的关系，更从中明白一个道理：爱，需要感受和沟通。

【活动目标】

1. 了解自己与父母的沟通模式，认识自己家中爱的存在方式。
2. 掌握与父母沟通的方法与技巧，并学会接受父母。
3. 感受到流动的爱给自己带来的愉悦心情和生命的力量。

【过程与方法】

 情境导入，引出课题

1. 播放故事录音《她看起来是如此爱我》。
2. 想一想，说一说：故事中的母亲爱自己的孩子吗？孩子爱母亲吗？为什么？
3. 导入课题。

教师总结刚才学生的交流：做母亲的，爱孩子却又不了解孩子；做儿女的，爱母亲却又选择离开，这是这个家庭中爱的模式。那么，我们每个人的家庭里，爱又是什么样子的呢？大家清楚吗？

学生回答后，教师接着问：大家想不想让自己家里的爱的状况有所改善？

让我们看一下"爱在我家"的情形吧！希望每个家庭里的爱都是温暖的、流动的，是令人快乐和幸福的。

 想象活动：爱在我家

1. 想象活动：请学生以自己舒服的方式坐好，闭上眼睛，运用呼吸法放松，然后进行想象，每个人都用心去体会，看到自己跟父母的状态，体验到来自父母的爱以及自己对父母的爱。

本活动，使学生看到自己家庭里真实的爱的状态。
2. 学生交流分享自己刚才想象的情景和感受。

 让爱在家流动

（探讨与父母沟通的有效方法与技巧，并学会接受父母）

1. 学会沟通，让爱在家里流动。

引导学生认识沟通的重要性。

教师提问：通过前面的故事，以及刚才同学们的活动和体验，我们发现一个非常重要的问题:在原本最亲爱的人之间却存在着矛盾或冲突,原因是什么?

学生表达跟父母之间不会沟通的原因。

教师接下来通过展示课件,呈现学生跟父母好好沟通的意义。

教师引领跟学生一起来学习"学会沟通,让爱在家流动"。

(1)说一说,议一议:如何跟父母沟通?

① 小组讨论。

小组内,每人举一个自己曾经跟父母发生冲突的例子。回想当时的情景、后来这个矛盾有没有解决以及是如何解决的。如果自己后来碰到过类似的事情都一直没有好的办法解决,则请其他同学帮忙。

② 小组代表在班级交流本组讨论出来的沟通技巧或方法。(同时请学生上黑板板书讨论的结果)

(2)教师补充,总结。

(3)练一练:情景剧《妈妈的唠叨》。(剧情见"课程素材")

① 教师呈现问题:请同学们思考,如果你是情景中的主人公,你会怎么做?

② 请学生将自己的思考表演出来。

③ 学生评价表演情况,然后教师进行小结。

2. 接受父母,让爱在家流动。

教师指导语:做孩子的总是以为我们的父母无所不能,总是要求他们无条件地奉献。但是,父母又都是凡人,虽然他们全心全意地爱着我们,却也会犯错误。一些同学因为父母犯的错太多而瞧不起他们,根本就不愿跟他们沟通。那我们到底该如何对待我们的父母?

(1)故事:《改邪归正的铁匠》(摘自《爱的教育》)。

波列科西是个很用功、善良又懂事的孩子。可是,他的父亲不务正业,一味喝酒,常无故打他,把他的书或笔记本扔掉。他常在脸上带了黑痕或青痕到学校里来,脸孔肿着的时候也有,眼睛哭红的时候也有。虽然如此,他无论如何总护着父亲。"父亲打你了。"当朋友这样说的时候,他总立刻替父亲包庇说:"没有的事,没有的事。"

有一天,老师看见他的作文本被火烧了一半,对他说:"这不是你自己烧的吧?""是的,我不小心把它落在火里了。"他回答道。其实,这一定是他父亲酒醉回来踢翻了桌子或油灯的缘故。

就是这样一个父亲,在督学到学校里来,隆重地给他儿子颁奖并把儿子领到"跟往常一样,面无血色,脸色阴沉可怕,头发垂到眼前,歪戴着帽子,双腿打战,晃晃悠悠地走路"的他的面前告诉他:"您的儿子胜过 54 个同学,他的作文、算术和其他几门功课都名列前茅。他很聪明,也很善良,将来前途无量。他是个了不起的孩子,大家都很喜欢他、尊敬他,您应该为有这样的儿子而自豪!"时,他才知道自己那样虐待儿子,儿子却总是坚强地忍耐着。他"脸上不觉露出惊奇和惭愧的神情,忙把儿子的头紧紧抱在自己的胸前"。从此,他改邪归正,加倍疼爱儿子,辛勤赚钱养家。

① 找一个学生为大家朗读。

② 学生分享故事感受。(通过故事,引导学生学会尊重和接受父母,让爱在家里流动)

(2)想象练习。

① 大家一起做想象练习:接受父母(引导学生相信:不管怎么样,父母都是在以自己当时最好的方式来爱我们)。

在练习快要结束的时候,插播歌曲《爸妈,谢谢您》,使同学们在内心深处真正接受并感谢父母的爱。

② 分享此时的感受。

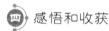 感悟和收获

1. 学生分享;

2. 教师总结。

 作业布置

请同学们课下把今天的收获讲给父母听,并让父母把自己的感受写在作业本上。

 结束

祝愿大家带着父母深深的爱,健康快乐地成长!

 实践反思
SHIJIANFANSI

本节课运用了多个生活化课程素材,如讲故事法、想象练习法、角色扮演及小组合作等,极大地激发了学生的学习积极性。整个教学过程中教师说得少,学生动得多,很好地贯彻了以学生为主体的教学理念。校园剧场环节使学生学以致用,现场检验并练习了所学的沟通方法。接受父母环节,所选用

的故事《改邪归正的铁匠》特别切合本环节主题的需要,引发了学生深深的思考:父母也有犯错误的时候,但我们也要尊重和接受他们。想象练习法使每个学生都参与活动,且使活动很容易就触及学生的内心深处,更深刻地触动学生的心灵。本节课根据课题内容,在后面的想象练习快要结束的时候插播歌曲《爸妈谢谢您》,音乐能使人产生共鸣,在这里就自然而然地使学生在内心深处真正接受并感谢自己父母的爱,顺利圆满地完成教学任务,从而达成教学目标。

生活化瞭望
SHENGHUOHUALIAOWANG

系统心理学的基本法则

本节课运用了系统心理学的理念中的平衡和秩序原则。

系统中的平衡原则,是类似于太极阴阳的概念,系统排列中主要指付出与接受的平衡。在亲子关系和其他关系里,这是符合人性的,也是维护系统稳定的要点。真诚的感谢、忏悔、补偿都是维系平衡的良好动力。亲子和师徒以隔代传递维系平衡。亲子之间"无条件的爱",表面上和平衡法则抵触,其实是我们一方面去接纳、感受我们被宇宙无条件的爱与接纳,一方面无条件地去爱与接纳我们的亲人。

系统中的秩序原则,是按进入系统先后时间和对系统责任承担的重要度来表现的。这是自然的呈现和流动,而非道德的法则。我们必须尊重先于我们来到这个世界的人,尤其是父母,他们是给了我们生命的人,我们要接受他们的爱,也尊重他们的命运。每个人在系统中都有最合适的位置,都有自然的角色。当我们都站在自己合适的位置,活出自己的角色,承担自己的责任,系统就充满和谐与生机。我们的命运都被更大系统的命运和动力影响,但我们每个人都必须为自己的行动负责,也对系统负责,同时还必须把别人的责任归还他们自己。这是真正的谦恭。

在一个家庭里,作为孩子,必须要站对自己的位置,完全接受父母对自己所做的一切,而不是横竖地挑剔他们。因为无论如何,父母的很多做法,对他们来说是他们所能做到的、爱自己孩子的最好的方式。

青岛第二十四中学　程秀灵

交"心"朋友

课程素材
KECHENGSUCAI

【故事宝库】冰莹的好朋友

具体见"情境导入"环节。

这个故事用在"情境导入"环节,可以课前制作成录音,上课时直接播放。

课程设计
KECHENGSHEJI

【课题】交"心"朋友

【适用年级】七年级

【主题背景】

交朋友是青春期的孩子们非常重要的事情,对于他们的心智发育和将来的发展很有影响。但目前,很多中学生在交友方面存在误区,有的不懂得用真心交朋友,有的不知道交什么样的朋友是合适的,这对他们健康成长非常不利,故设计此课,希望能真正帮助孩子们明确交友的基本原则及注意事项。

【活动目标】

1. 了解朋友的类型,并认识自己所交朋友的情况及对自己可能会产生的影响。

2. 学会交"心"朋友的方法,并感受交到"心"朋友的快乐和幸福。

3. 培养团结合作的意识和习惯。

【过程与方法】

 情境导入

听故事《冰莹的好朋友》。

内容：冰莹是一个聪明漂亮的女孩，各门功课遥遥领先，一向是班里的焦点人物。最近，班上转来一个叫小敏的同学，她性格开朗，文艺体育样样行，学习成绩也不在话下，在第一个学期期末考试中总分比冰莹还高，得了全年级第一。冰莹感到非常郁闷，她暗下决心，一定要超过小敏。于是她俩展开了激烈的竞争，两人之间的关系一直很紧张。

有一天，冰莹不小心摔伤了腿。落下功课不说，在家里，一整天都没谁跟她说话，心情很糟糕。这时候，小敏来了，先给她进行补课，小敏的认真与耐心让冰莹感到很惭愧。补完当天的课，小敏还给冰莹聊了班里发生的事，告诉她班里的同学都很想她，老师会安排同学们分批来看她，冰莹非常开心。以后，小敏每天都来给冰莹补课，说说开心的事，冰莹的课一点也没落下，而且每天都很开心。冰莹返校后，两人成了形影不离的朋友。

1. 教师播放录音，并用课件呈现故事内容，学生一起听。

2. 教师引导学生思考：故事中的冰莹和小敏最后成了交"心"的朋友，你也拥有像冰莹和小敏一样的友谊吗？你认为好朋友应该是怎样的？

3. 学生分享交流。

4. 教师总结学生心中好朋友的表现。

 认识各种朋友类型

1. 学生自由发言：你觉得朋友可以分成哪些类型？

2. 教师总结朋友类型。（制作成课件）

关于朋友类型的划分是多种多样的，有人把朋友划分为以下几种：

（1）情感上的朋友，也称交心的朋友。

（2）兴趣上的朋友，有共同爱好的朋友。

（3）利益上的朋友，为了某种利益而交的朋友。

（4）形式上的朋友，是在某种场合下临时交的朋友。

3. 你身边有哪些类型的朋友呢？他们给你带来了哪些影响呢？

教师总结：在生活当中，如果我们用心观察，就会发现作为朋友基本都包含在这些类型当中，有的可能是两者兼顾。不同的朋友给我们的人生带来不同的影响，大家一定要辨别清晰，分开来对待。当然，最重要的是一定要用心交有心的朋友！

三 锦囊妙计

1. 小组讨论:怎样才能拥有"心"朋友?

2. 小组代表分享讨论结果。

3. 教师进行总结:怎样才能拥有"心"朋友?

(1)用心陪伴朋友。

(2)信任朋友。

(3)懂得保密。

(4)认真倾听。

(5)对朋友要真诚,心无城府,肝胆相照,坦率直言。

(6)尊重朋友,讲信用。

(7)不要丢失了自己。

四 小小练习场

1. 学生完成下面的小练习:遇到下列情形,你会怎么做?

当朋友跟你的意见不一样时,你_____。

当你误解了你的朋友时,_____。

当你的朋友把内心的秘密告诉你时,_____。

当你需要朋友帮助时,_____。

当朋友跟你说话时,_____。

2. 小组内交流,然后小组代表在班级交流分享。

五 感悟与收获

教师带领学生进行分享和总结。

六 结束

教师总结。

经历了前面的探索和练习,相信大家一定会拥有真正交心的朋友的。祝大家在成长的路上开心快乐!

歌曲欣赏:周华健的(视频)《朋友》。

实践反思

SHIJIANFANSI

本节课运用的课程素材有来自现实中的小故事、小组讨论及小小练习场等,贴近学生的实际生活,容易引起学生的共鸣,从而激发他们讨论的积极

性。整个教学过程中教师只是起引导的作用,课程的进展基本上靠学生的积极参与,自己找到问题答案,并真诚地跟同学分享和交流,圆满地达成了预期的活动目标。印象最深刻的活动是小小练习场,学生学习了交朋友的技巧之后及时练习应用,这种方法有助于帮助学生将所学的知识或技能应用于生活之中。结束环节的歌曲《朋友》引发了同学们的共鸣,他们一起随着音乐高声合唱,再次体验到交"心"朋友的幸福感和自豪感。

生活化瞭望
SHENGHUOHUALIAOWANG

友谊宣言

我愿意放弃
我身上那些破坏友谊的东西,
我珍爱、认可我自己,
我像磁铁一样吸引着我的朋友们。
我相信自己,相信生活,
我相信我的朋友们。
我珍爱、认可我自己
才容易珍爱其他人。
即使我犯了错误,
我的朋友也能帮我渡过难关。
我值得被人支持。
我的朋友都是充满爱心、相互支持的。
我和我的朋友完全享有各自的自由。
我的爱和对其他人的认可
创造永恒的友谊。

青岛第二十四中学　程秀灵

师生缘

课程素材
KECHENGSUCAI

【绘声绘影】师生缘

八年级某班,一次英语课上,王宾偷偷和同学说话,正说得兴奋时被老师发现,课后老师拨打了他父亲的电话。王宾回家后遭其父亲一顿暴打,从此把所有的怨气全怪在老师身上,而且从对那名英语教师的怨恨蔓延到所有的老师。后来,王宾经常在课上故意看小说,还说脏话,故意扰乱课堂秩序,甚至当堂冲撞老师、歧视老师,逃课、旷课更成了他报复老师的一种常用方式。他的脾气越来越暴躁,心里总认为别人都瞧不起他,他也瞧不起任何人。后来,英语老师联合班主任一起,家访了解王宾的家庭情况,诚恳地跟其父母交流,共同努力,帮助王宾找回了学习的动力。再后来,王宾也跟老师成了好朋友。(该故事应用于课题导入部分,制作成微课,配制上优美的图片动画)。

【校园剧场】我和我的老师

具体操作:两名同学搭档,一个是 A,另一个则是 B。B 先代表 A 不喜欢的老师。所有的同学都先让自己完全放松,然后,随着自己的感觉移动,并感受自己的感受。然后,交换角色,感受自己不喜欢的老师爱不爱自己。

(提示:这个活动尽量安排每个学生都参与体验)

课程设计
KECHENGSHEJI

【课题】师生缘
【适用年级】七年级

【主题背景】

初中阶段,随着成人意识增强,学生各学科的学习成绩经常受老师的影响,自己喜欢的老师所教的学科容易学得好,不喜欢的老师所教的学科则学得很差。这种情形若不加以及时、妥善的引导,将会严重影响他们的学习和成长。因此,此课旨在希望学生通过自己的亲身体验,学会感受和接受老师的爱;同时学会以合适的方式处理与老师的关系。

【活动目标】

1. 了解自己跟老师的关系状况。

2. 掌握跟老师和谐相处的方法与技巧,并学会尊重和感恩老师。

3. 体会接受老师的爱和教育给自己带来的愉悦心情。

【过程与方法】

 情境导入

1. 看微课《师生缘》。(内容见"课程素材"中的"绘声绘影")

2. 学生谈感受。

 活动一:心理小剧场《我和我的老师》

1. 教师引导学生思考:同学们平时跟自己的老师的关系是怎样的?想不想看一看啊?

2. 带领学生进行活动(具体见"校园剧场"中的介绍)。

3. 学生分享感受。

 活动二:心理剧场《师生缘》

1. 老师继续引导学生思考:你满意自己跟老师的关系吗?想不想让自己有所改变呢?

同学们在学校里,主要是通过跟老师学习而获得进步的。老师除了教给我们各科知识,帮助我们顺利地通过升学考试,还教给我们如何做人、如何做事,使我们的人格逐步完善的人。他们就像我们的父母,每天都满载着希望面对我们,希望我们每个人都能健康快乐地成长。

如果大家此时很想改善自己跟老师的关系,那老师给大家提供一个小练习,来体验一下吧!

2. 心理剧场:《师生缘》。

具体做法:仿照刚才的活动,还是两名同学搭档,一个是 A,另一个则是 B。B 先代表 A 不喜欢的老师。所有的同学先让自己完全放松,然后,随着自己的感觉移动,同时感受自己的感受。移动到一定的位置,让自己停下来,好好地看到自己的"老师"。然后,真诚地对他(她)表达:"亲爱的老师,我们能够相遇并成为师生关系,这是我们的缘分。对不起,我曾经对你很不礼貌,曾经非常厌烦你,甚至鄙视你,请您原谅我!现在,我明白了您对我的关爱,谢谢您!谢谢您一直以来对我的爱护和帮助!谢谢您一直以来对我的教育和陪伴。现在,我完全接受:您是我的老师,您是我很合适的老师。"然后,真诚地向着"老师"深深地鞠躬。感受自己此时的感受。

3. 分享此时的感受和认识。

通过游戏,同学们可以真切地体验到自己跟老师之间真实的关系状态。

4. 教师总结。

师生的关系犹如父母与子女的关系,有时我们很快乐、很幸福,有时又会有矛盾和摩擦。

 感悟与收获

师生共回顾本节课的收获。

 结束

送给同学们一段"心灵密语":

当老师批评你的时候,不要急着找理由反驳,不妨耐下心来听清楚,看看自己是否真的错了,错在哪里。

如果老师的批评方式不当,你可以运用适当的方式向老师表达自己的看法和感受,但要避免与老师当面冲突。

老师不是完美的,有时也会有不当之处。作为学生,要学会大度,不计较老师的失误。

互相产生误解时,可以让其他同学或老师帮助解释,或者自己写一封信向老师解释清楚。

 实践反思
SHIJIANFANSI

本节课运用了生活化素材有绘声绘影、校园剧场及小组合作等,很好地激发了学生的学习积极性。整个教学过程中,尤其是心理剧场活动中老师的引导非常重要,引导恰当才能自然引发学生的积极参与,才能使学生没有对抗地接受老师的引导,这节课做到了。通过校园剧场,使每个学生都真切而深刻地体验到了老师的关爱。印象最深刻的活动是第二个心理剧场活动,非

常感人,触及了学生的心灵,并使学生领悟深刻,真正在内心深处跟老师建立了良好的师生关系。结束环节,老师送给学生的一段"心灵密语"特别真诚、有效,能帮助学生解决现实中发生的师生矛盾,辅助这节课圆满地达成预期的活动目标。

生活化瞭望

SHENGHUOHUALIAOWANG

心随老师前行

老师是我们心灵的陪伴者,
老师是我们前行的灯塔。
老师允许我们撒娇,
老师允许我们犯错,
老师鼓励我们上进,
老师陪伴我们疯疯癫癫,
老师祝贺我们成功。
老师是我们永远的老师!
我们心随老师前行!

青岛第二十四中学　程秀灵

我们都是班级的一分子

课程素材
KECHENGSUCAI

【故事宝库】快乐的清明节

具体内容见"情景导入"环节。

（可以将故事制作成一段配乐录音资料，课堂上需要的时候直接播放。用在课程的导入环节。）

【校园剧场】我和我的同学

具体操作：两个同学一组，一个是 A，另一个是 B。先是 B 代表班里不被大家喜欢的那位同学，A 做自己，两个人都完全放松，然后，跟随着自己的感觉移动，并感受自己的感受。然后，交换角色，A 代表不被大家喜欢的同学，B 做自己，跟刚才一样，两人再分别感受一下自己的感受和状态。

（教师要强调：同学们要真诚体验。该活动旨在让同学们感受到自己与那位不被大家喜欢的同学的关系状况，以及各自的感受）

课程设计
KECHENGSHEJI

【课题】我们都是班级的一分子

【适用年级】七年级

【主题背景】

初中阶段，学生的心理发育还很不成熟，经常会与自己不喜欢的人或事直接发生矛盾。若不加以及时、妥善的引导或解决，将会严重影响他们的学习和成长。因此，此课希望学生通过自己的亲身体验，学会接受班级里的每一个同学，学会以合适的方式处理与同学的关系。

【活动目标】

1. 了解自己跟班级同学的关系状况,认识到自己班级中爱的氛围。

2. 学会接受班级里的每一个同学,增强班级团结的意识。

3. 感受到班级内流动的爱给自己带来的愉悦心情和生命的力量。

【过程与方法】

 情境导入,引出课题

1. 听故事《快乐的清明节》。

清明节放假的那几天,小菲班里组织一起去公园游玩。可她家里条件不好,爸妈都下岗了,想想跟大家一起的话,他们都会买吃的或纪念品之类的,还得花钱,就打算放弃了,准备在家帮爸妈干点活。好朋友小红得知此事,马上跟其他同学商量,一定要想办法让小菲跟大家一起去。

她们最后商定,每个人各自从家带点吃的、喝的,到时候大家可以把带的东西放在一起,互相交换着吃;在公园里不准随意买东西,这样大家也可以培养自己不乱花钱的好习惯。小菲好开心,感觉自己很幸福,她可以很放松、很舒心地跟大家在一起。

2. 老师引导学生想一想:大家所在的班级里也有这样的事情发生吗?如果班级也有类似小菲的情况出现,你会如何做呢?

3. 教师继续引导:也许你会说,小菲这样的同学还没什么,大家一般都愿意帮助她。可是,还有一类同学真的很让人讨厌,是他自己平时就表现不够好,经常犯错误,故意找人麻烦,大家就都非常讨厌他,不愿理他。现在,我们每一位同学可以回想一下,自己有没有犯过错误?当我们自己犯了错误受到别人批评或惩罚的时候,是一种什么滋味?

接下来,大家可以来体验一个游戏,看看会给自己带来什么感受和发现。

 校园剧场一:《我和我的同学》

具体操作见"课程素材"中的"校园剧场"。

1. 活动体验。

2. 学生分享:通过游戏,自己体验到平日不被大家喜欢的同学的情况。

3. 教师总结:同学们正处在青春期,与同学相处过程中,总会不断地出现各种各样的矛盾,这是难免的事情。

 校园剧场二:《我们都是班级的一分子》

1. 教师引导学生:也许你跟很多同学一样,对自己班级的某一两位同学讨厌至极,总是想尽办法孤立他、嘲弄他、羞辱他。可是,之后呢? 大家的感受如何? 大家还喜欢自己所在的班级吗?

2. 学生分享自己的感受。(大家并没有因为这样而真正感觉到快乐,恰恰相反,会很讨厌自己的班级或后悔自己的行为)

3. 教师引导学生,如果大家想拥有一个和谐的班级,这里有一个小练习可能会帮到我们,大家可以试一试。

(1)活动。

具体操作:还是两个同学一组,分别为 A 和 B,可以选 B 来代表班级里大家都不喜欢的那位同学。然后,两个同学都让自己完全放松,A 带着自己的觉知和感受,慢慢看向 B,并对他说:"亲爱的同学,对不起,之前我很讨厌你。现在我知道,我们都是班级的一分子。同在一个班级里,成为同学,这是我们的缘分。从现在起,我会把你作为我的好朋友,跟你永远同在一起。"感受自己此时的感受。然后,教师要去询问 B 同学的感受。引导他试着这样表达:"谢谢你,谢谢你对我的接受。我一直都很想跟大家在一起,我会好好珍惜这样的机会,很好地跟大家在一起!"同时,感受一下这种情况下的感受和状态。

(2)感悟与分享。

体验了这样一个游戏之后,同学们会有什么样的感悟和发现呢? 你打算以什么样的方式和态度对待班级?

(3)教师总结。

实践反思
SHIJIANFANSI

本节课运用了多个生活化课程素材,如讲故事、校园剧场及小组讨论等。故事来源于现实的生活,很好地激发了学生的学习积极性。校园剧场环节,学生更加深刻地体验到了不被大家喜欢的同学的真正的感受,懂得了要尊重和接受自己不喜欢的同学,懂得了班级内每一个学生都是班级的一分子,都不能被排除在外,学会了接受和尊重,使学生感受到了大家彼此接受的快乐和幸福。小组讨论的学习方式,培养了学生团结合作的精神和意识,也进一步让学生体验到小组内每一个同学存在的价值和意义。总之,这节课圆满地达成了目标,真正有效地帮到了孩子们。

生活化瞭望
SHENGHUOHUALIAOWANG

1. 我们都是系统的一分子。

系统心理学告诉我们,我们每个人每时每刻都处在一个系统当中,我们都是系统的一分子。在家庭中,我们是家庭系统的一分子;在学校,我们是学校或班级的一分子。我们都必须遵从系统的自然法则,比如整体法则和平衡法则。有人选择不遵守法则,自己脱离班级,或者孤立班级内的某些成员,结果会导致整个系统支离破碎、四分五裂,班级纪律涣散,班风混乱,这对于学生的学习、身心发展等非常不利。

如果我们接受了那个想要脱离班级系统的那个同学(其实,他在心底里是不愿意离开的),我们的班级会越来越团结,会逐渐形成和谐的班集体,大家在一起会真正的快乐、舒心,可以很轻松地进行学习、成长。

2. 送给同学们一则成长宣言,请大家每天大声地朗读。

成长宣言

我每天都耐心善待我遇到的每一个人。

我愿意以一种独特的全新的方式看待生活。

我生活在一个充满着爱和宽容的世界里。

我周围围绕着一群对生活有着积极态度的人。

我的梦想是智慧的源泉。

需要时,我会去寻求帮助。

我愿意成长,愿意改变。

我所拥有的一切以及我现在的状态都是十分安全的。

我拥有一颗宽容的心,

我深受人爱戴。

青岛第二十四中学　程秀灵

学会沟通，让心靠近

课程素材
KECHENGSUCAI

【锦囊妙计】合作画画

课件出示游戏规则：

（1）从现在开始，不说话。

（2）通过眼神和你就近的同学快速结成两人搭档。（没有搭档的同学举手示意老师）。

（3）与你的搭档共同画一幅画，不限定主题。

（4）每人一次只能画一笔（不管长短和形状）。

（了解人际沟通的重要性）

【校园剧场】铅笔盒风波

小明有事快步走出教室时，无意中碰了一下小丽，因为走得急，他未加理会，更未察觉自己已经不小心碰掉了小丽同学手上的铅笔盒，盒里的文具撒了一地。小丽同学捡起来一看，发现铅笔盒被摔得有些变形了，她心里很不高兴，追上小明。

小丽："哎！你这个人怎么搞的，没长眼睛呀！把我的铅笔盒摔到地上了！"

小明："你才没长眼睛呢！我又不是有意的，再说，是我碰掉的吗？可别诬陷好人哪！一个小小的铅笔盒，有什么大不了的？"

小丽："怎么，摔了人家的东西，你还嘴硬，你……"

教师引导：接下来会发生什么状况？

学生：告老师，吵起来，打起来……

（这个活动将会在小小演练台环节出现，教师用课件出示剧情，学生现场

准备、即兴表演）

课程设计
KECHENGSHEJI

【课题】学会沟通,让心靠近

【适用年级】七年级

【主题背景】

我们知道,良好的人际沟通可以给我们带来便利,可以让我们生活得更快乐。可是,在现实生活中,有很多学生缺乏主动与人交往的意识。他们不明白交往的重要性,要么妄自尊大,对别人不屑一顾;要么孤僻冷漠,缺乏交往的勇气和信心。唤起学生主动交往的意识,帮助学生沟通交往的渠道,掌握交往的技巧,提高交往的能力,形成健康的交往心理,才能使学生真正走上"和谐发展"的快车道。

【活动目标】

1. 了解沟通的重要性,并增进其人际沟通意识。

2. 掌握语言沟通技巧,提高面对面沟通能力。

3. 在活动中,培养团结合作的精神。

【过程与方法】

 游戏导入:合作画画

1. 课件出示游戏规则。

具体见"课程教材"中的"锦囊妙计"。

开始画画,限时 3 分钟。

2. 教师调查学生对自己的画感到是否满意,并让学生说出自己不满意的原因。

3. 教师引导学生思考:怎样就能画好这幅画?看看规则,去掉哪一条,我们就可以了解搭档的想法。

4. 教师小结:通过刚才的活动大家感受到沟通,尤其是语言沟通的重要。今天我们就来一起探究"沟通"的话题。(教师板书课题:学会沟通)

二 发现沟通中的问题

1. 教师:我们平时的学习和生活中离不开与人的沟通。

心理专家告诉我们:

(1)人际沟通是指人与人之间的意识和情感的交流。

（2）人醒着时，大约70％的时间，都是花在人际沟通中。

（3）良好的人际沟通可以给我们带来更多的便利，让我们生活得更快乐。

2. 沟通这么重要，请学生静下心来回想一下，自己与他人进行沟通时有没有存在困难的情况？接下来让学生跟大家分享一下自己曾经的经历。

同时提醒学生：当我们有沟通困难时，会有什么样的感受？

3. 小小调查。

教师对学生进行现场调查：大家感觉一般常跟哪些人的沟通有困难呢？

（1）有多少同学和同伴沟通有困难？

（2）与父母沟通有困难的同学有哪些？

（3）与老师沟通有困难的同学有哪些？

（4）其他情况。

老师对一所学校七年级5个班的同学做了一个小调查。从调查的数据发现，将近一半的同学感到与父母和同伴沟通有困难。（出示调查表）

所以，我们还是很有必要学习一些沟通的方法。

 沟通窍门大揭秘

1. 游戏：你说，我听。

（1）由教师跟学生一起完成游戏，具体如下。

教师现场招募同台表演的学生：哪位同学愿意到前面来，跟老师做一个表演？好的，某某同学，谢谢你的参与。现在我们是好朋友了，你愿意把最近让你非常开心的一件事说给我听吗？好的。那接下来也请同学们和我一起分享。好，开始讲吧。

学生：……（学生真诚地跟老师说）

教师：你说完了吗？不好意思，我没听清楚，能再说一遍吗？（教师听的同时，表现出不良行为：东张西望、纠正学生听讲、看表等）

学生又把刚才的话说了一遍，教师又没有专心听。这样共进行三次。

教师询问全班学生：我的朋友刚才说了三遍，为什么我都没有听清楚呢？

3～4名学生谈刚才出现的不良倾听行为，教师认真倾听，用神态、语言、动作回应："恩""你说得对！""我明白了！"

教师再去询问刚才扮演朋友的学生：刚才我的表现让你有怎样的感受？还愿不愿意继续跟我做好朋友？我为我刚才的表现向你道歉，也非常感谢你的真诚表演。

（2）教师小结：刚才老师不良的倾听行为引起了朋友的误会和反感,让他觉得我不尊重他,甚至可能影响到我们今后的交往。看来,学会倾听非常重要。

2. 沟通窍门大搜索。

人与人沟通的时候,除了倾听之外,我们还能发现哪些窍门呢?

小组内学生交流一下,从说和听两方面把沟通窍门的要点写下来。

3. 教师总结。

用课件展示总结的要点。

这些好的沟通方法,可以让我们与他人的交流更加和谐融洽,可以让我们跟朋友、家人的心靠得更近。

接下来,通过游戏检验学生有没有学会有效沟通的方法。

 小小演练台

1. 校园剧场:《铅笔盒风波》。

课件出示剧情,内容见"课程素材"。

2. 分组讨论,角色扮演。

各小组讨论下面两个问题:

（1）哪些语言让你感到不愉快、不舒服?

（2）这两位同学如果要成为好朋友,他们应该怎么说、怎么做呢?

然后代表分享各组讨论的观点;最后选几个学生把小组的意见用角色扮演的形式展示出来。

3. 学生交流。

（1）在他们的表演中,哪些言谈举止、态度方式是令人愉快的?

（2）自己今后与同学交往相处时,应注意哪些问题?

 总结回顾

教师带领学生回顾这节课共找到了哪些沟通方法,找2～3名学生回答。

 再来一起画

最后,请大家合作画一幅画,看看跟开始的画会有什么不同。

1. 出示游戏规则,比前面规则增加了一项:可以语言沟通。（画在开始那张纸的反面,限时3分钟）

2. 选2～3名学生在班级分享:在画画的整个过程中,自己会有什么样的感受?

3. 教师总结：同学们通过沟通交流，一起创作出了非常美丽的画，希望大家今后能够学会更好地沟通，让我们的生活和学习充满快乐，在未来的人生道路上展现自己最美的生命画卷。

4. 课程结束。（播放音乐：水木年华《生命的意义》）

实践反思
SHIJIANFANSI

本节课运用的生活化素材有绘画游戏、小小调查、校园剧场及小组合作等。其中，绘画游戏深得学生的喜欢。这种方式重点不在于绘画水平如何，而是引导学生随心而画。在体验中，学生会触动很深。小小调查活动，极大限度地保护了学生的隐私，也很好地激发了他们的学习积极性。校园剧场环节，是学生学以致用的环节，他们很喜欢角色扮演的游戏，在游戏中把所学习的技巧和方法当场进行了演练和巩固。印象最深刻的活动是老师跟学生合作的游戏，学生很开心，一下子就提升了参与其他活动的积极性，于是顺利圆满地达成了预期的活动目标。

生活化瞭望
SHENGHUOHUALIAOWANG

提高人际沟通技巧的6个方法

1. 说出你的想法。

当信息被传达时，大多数人会因为怕达不到社会的期望值而羞于表达他们的想法。人们常常在谈话中倾向于保留自己的想法，有效的沟通的最主要的目的就是能在特定的环境中表达出自己的想法。

2. 保持眼神的交流。

每一个谈话者都认为，吸引听众的完美方式就是与其保持眼神的交流。谈话时看着对方的眼睛，往往会将其摇摆不定的注意力吸引到交谈中。眼神的交流能使谈话者的注意力无形之中集中起来。

3. 肢体语言也很重要。

肢体语言的表达本身并不需要口头语言，它可以通过个人的特殊动作习惯、表情和肢体行为来完成沟通。有效的沟通需要口头交流与肢体语言的完美配合，要传达给定的信息，丰富的姿势、生动的表情加上肢体语言是极好的传达途径。想提高自己的交际技巧，你可以多观察别人的说话方式，多和自己对话，对着镜子练习自己的肢体语言。

4. 善于倾听。

沟通不是单向的过程。倾听与说话一样重要。事实上，大多数交际专家都认为，理想的沟通者听要比说多。倾诉能缓解人际关系的烦恼，这听起来令人振奋，但有时候仅仅倾听就能获得成功。

5. 口齿清晰，发音标准。

一些人的发音总是使倾听者很费解。演讲时，演讲者必须发音标准才能达到预期的效果。很多时候，因为糟糕的发音，即使演讲家也会遭遇听众的笑场。清晰的发音会使信息的传达更加有效。所以，我们需要纠正发音的错误以保证沟通的有效性。

6. 增加词汇量。

沟通的技巧包括时时更新你的词汇。很多时候在公众场合由于用词不当，最后只有直面尴尬。这正如盖房子不打好地基只会导致房屋的倒塌。学习新的词汇是提高你沟通技巧的宝贵方法。它不仅能提高你的口头表达能力，还可以帮助你更好地交流。

青岛第二十四中学　程秀灵

做个受欢迎的人

课程素材
KECHENGSUCAI

【绘声绘影】皮克斯动画短片《鸟鸟鸟》

内容简介:影片开始于一群小鸟停在一根电话线上休憩。这时飞来一只大很多、看起来很笨拙的鸟。大鸟很友好地跟小鸟们打招呼,但是小鸟们却嘲讽并挖苦大鸟的样子,并拒绝跟大鸟在一起。他们纷纷朝大鸟站立的另一个方向移动。

然而大鸟很想跟小鸟们在一起,于是它飞起来并落在小鸟中间。由于它比小鸟要重很多,当它落下后,电线一下子就下垂了很多。这时小鸟对它很反感,距离它最近的两只小鸟开始用嘴啄大鸟的脚,好让它掉下去。这样,大鸟的脚趾因为疼痛一个一个撒开电线。突然这时有个小鸟提醒,万一大鸟掉下去,电线会复位,但是这时候提醒中间2个小鸟已经太晚了。大鸟的最后一个脚趾松开后,小鸟们因为电线巨大的反弹力急速上升,剩下片片羽毛飞落下来。

最后的镜头是大鸟看着一个个没有羽毛的小鸟跑进田地里呵呵地笑。

百度搜索下载,用在"课题导入"环节。

【锦囊妙计】头脑风暴——如何才能受人欢迎

【校园剧场】体验和认识黄金定律

具体做法:全体学生起立,两人一组,A同学先伸出右手,放在胸前,面对同学B,跟老师一起大声说:"我希望被理解,我希望被尊重,我希望被赞扬,我希望被认可……所以,我会去理解你,我会去尊重你,我会去赞扬你,我会去认可你……"然后,B同学再重复A同学的做法。

(教师示范后,让学生一起做)

课程设计
KECHENGSHEJI

【课题】做个受欢迎的人

【适用年级】七年级

【主题背景】

现代中学生普遍存在一些人际交往的问题,如在人际交往中出现嘲笑、议论、指责的现象,事情不大,但对身处其中的同学产生了很多的心理困扰。这些行为,学生总是在自己受伤害的时候特别在意,但却不能解决。

【活动目标】

1. 学会辨别在人际交往中不受欢迎的行为。

2. 掌握与人交往的两个法则——黄金定律和白金法则。

3. 在活动的过程中,感受与人友好相处的温暖和感动。

【过程与方法】

课题导入

1. 欣赏皮克斯动画短片《鸟鸟鸟》。

2. 学生讨论:在这个动画片中都讽刺了哪些人际行为?(课件展示问题,限时 2 分钟)

3. 小组代表分享讨论结果。(从一组开始顺时针回答,一个组只能说两个,教师板书并为各组打分)

4. 一轮结束后,各组成员自由抢答,补充还没说到的方面。(教师就学生所说的不受欢迎的行为及时反馈点评)

5. 教师引导:同学们总结了这么多不受欢迎的人际交往行为,人人都想拥有良好的人际关系,但实际上,在我们的周围,甚至我们自己的身上,经常会出现一些不受欢迎的人际交往行为。请同学们真诚地分享在生活中发生在自己身上的一件事,当时自己是什么感受,这些行为自己是否喜欢。

(这样,有相同经历的学生就会引起共鸣,明确哪些行为是自己所厌恶和不喜欢的)

6. 教师总结(课件展示)。

锦囊妙计

头脑风暴:怎么做才能受人欢迎?

1. 头脑风暴(小组讨论):怎么做才能受人欢迎?

2. 小组开始逆时针回答,每组限说两个可以促进人际交往的方法。

(学生回答,教师板书并为各组打分)

3. 一轮结束后,各组成员自由抢答,补充更多的方法。

4. 结合这些受欢迎的行为,学生举手分享:发生在自己身上的哪一件事,哪一种人际行为,是自己喜欢的? 当时的感受是什么? 这种行为给自己带来的结果是什么?

5. 老师总结。

三 黄金定律和白金定律

1. 教师引导:大家刚才找到了很多可以促进人际关系的方法和技巧。其实,我们可以将大部分技巧简化为两个人际法则:黄金定律和白金定律。(课件展示名称)

2. 校园剧场:体验和认识黄金定律。

(1)黄金定律。

课件呈现:黄金定律出自基督教《圣经·新约》中的一段话:"你想人家怎样待你,你也要怎样待人。"这是一条做人的法则,又称为"为人法则",几乎成了人类普遍遵循的处世原则。

(2)活动体验(具体见"课程素材"中的校园剧场介绍)。

(3)学生谈活动感受。

(4)教师总结。

这样,就加深了每个学生对黄金定律的体验和认识。

3. 白金定律。

(1)简介白金定律。

课件呈现:白金法则的精髓在于"别人希望你怎样对待他们,你就怎样对待他们"。从研究别人的需要出发,然后调整自己的行为,运用我们的智慧和才能使别人过得轻松、舒畅。

(2)举例说明。

在人际交往中,要学会以对方为中心;遇到问题,要学会换位思考。

比如,请人吃饭时不是先考虑自己爱吃什么,而要问对方爱吃什么,或者哪些食物对方不能吃。

4. 教师总结。

课件呈现:黄金定律和白金法则启示我们,在人际交往时,要做到尊重人、待人真诚、公正待人。

 感悟与收获

1. 学生分享自己的收获。

2. 教师总结。

 结束

欣赏歌曲《生命的尊严》,结束本课。

 实践反思

SHIJIANFANSI

本节课运用的生活化素材有绘声绘影、体验式活动及小组讨论等。观看视频是中学生喜欢的事情。这段视频的内容切合中学生人际交往的现实状况,所以能引发学生进行深度的思考和感悟。另外,体验式活动使学生亲自感悟,而不是教师的简单说教,对学生的触动会更加深刻。小组讨论的学习方式,培养学生的团结合作意识和习惯,激发学生探索学习的积极性,对他们将来的发展非常有益。这些生活化素材值得推广和长期利用。

生活化瞭望

SHENGHUOHUALIAOWANG

1.《生命的尊严》歌词值得慢慢品味,懂得珍惜每一个生命,并用心对待自己的生命。

生命的尊严

—— 水木年华

大地陷落之间	谁还说着淡淡的永远
尘沙漫起之间	幸福散落在梦的两端
风筝也断了线	雨水模糊着孩子的笑脸
如果还有明天	让我们拥抱在生死的边缘
泪水风干之间	我不会闭上倔强的双眼
希望到来之前	我不会放开握紧的双拳
再找回你之间	我不怕坠倒在遥远的天边
黎明到来之前	我不怕坚守在漫长的夜
泪水 只为融化冰冷的残垣	
歌声 只为一句滚烫的誓言	

难汗 只为追维无常的时间

承诺 只为捍卫生命的尊严

2. 好书推荐:《交往的学问:适合中学生的人际交往宝典》

人生在世,谁也不可能生活在一个孤岛上,每个人都不可避免地要与别人交往、沟通。人际关系是世上最复杂而又微妙的东西,它是通往成功的桥梁,是一个人能力的具体体现,是一个人创造财富的基础。《交往的学问:适合中学生的人际交往宝典》旨在帮助中学生解决诸多人际交往中的问题,有针对性地培养其驾驭人际关系的能力,使他们有意识、有目的地协调好身边的各种人际关系,做知识丰富、全面发展的人,了解社会、善于处世的人,思维活跃、领先潮流的人。

内容简介:关爱、感恩、善解、互助……这些良好的品行让我们说话有度、交往有节,收获真正的友谊与快乐的人生。该书呈现给中学生诚信有礼、宽容大度、善言善听、谦虚谨慎、谈吐幽默等黄金交际法则;透过鲜活的故事,让读者举一反三,有所学,有所得。故事后面的"点石成金""小测试"等栏目,更起到画龙点睛的作用。

青岛第二十四中学　程秀灵

第五单元 学习能力

　　学生在学校中的主要任务是学习,所以学习心理辅导是心理健康教育的主要内容。教师要运用学习心理学及其相关理论,指导学生的学习活动。

　　学生的学习受两个因素制约:一是会不会学,二是爱不爱学。国家教育咨询委员会委员、中国教育学会会长顾明远先生指出,"基础教育最重要的任务:一是培养学生的兴趣和爱好,二是培养学生克服困难的意志和毅力。有了这两样,可以无往而不胜"。学习兴趣和意志都是学校心理健康教育的重要内容。学习心理辅导正是站在学生的立场,从学生的学习心理出发,促使学生会学、爱学。

　　学习心理辅导包括学习动机、学习策略、学习习惯、考试心理等方面的辅导。

　　1. 学习动机是指激发、维持个体进行学习活动,并指引学习行为朝向一定学习目标的一种内部心理状态。学习动机辅导主要包括内部学习动机的激发和外部学习动机的激发。内部学习动机的激发可以从激发学生的好奇心和求知欲、帮助学生确立适当的学习目标、提高学生自我效能水平等方面开展教育引导工作。外部学习动机的激发可以运用表扬、奖赏或竞赛等方式,让学生看到自身的优点和长处,提高动机水平。本章节中的"爱上作业"正是针对学习动机进行的学习心理辅导。

2. 学习策略是指有助于提高学习效率或完成一定学习任务的方法总称。学习策略辅导是引导学生掌握各种有效的学习策略,引导学生学会学习。本章节中的"记忆的金钥匙"和"张开思维的翅膀"都是针对学习策略进行的学习心理辅导。

3. 学习习惯辅导包括对学生进行学习行为、学习过程、学习态度、学习意志等方面的训练和指导。学习态度的辅导主要是引导学生对学习形成正确的认识,培养学生对学习的积极情感,使学生乐学。本章节中的"挑战注意力"是针对学习行为进行的学习心理辅导,"与难题共舞"是针对学习态度进行的学习心理辅导。

4. 考试心理辅导主要是引导学生端正考试态度,正确认识考试的作用和价值,减轻考试焦虑情绪。本章节中的"考试——我的朋友"正是针对考试心理辅导进行的学习心理辅导。

爱上作业

课程素材
KECHENGSUCAI

【校园剧场】我和"作业"

请一名同学自愿站到场地中间来，从周围的同学中选一个人代表他的"作业"，选一个人代表"知识"，选一个人代表"时间"，选一个人代表"能力"，再选一个人代表"学科老师"。所有的同学上场后，老师引导大家进行移动……

课程设计
KECHENGSHEJI

【课题】爱上作业

【适用年级】七年级

【主题背景】

目前，"不喜欢写作业"是中小学生的一个普遍现象。在课间或自习课上，总可以看到一些同学在抄袭作业，甚至有些同学根本就不写作业，无论老师、家长怎么做工作，就是不写，这种情况很令人担忧。为什么不爱写作业？这是属于学习心理方面的问题。心理研究发现：学生的学习受多方面因素的影响，其中主要受学习动机的支配。学习动机是指直接推动学生学习的内部动力，是激励和指引学生学习的一种需要。针对这种情形，设计了此课，希望能对学生、家长和老师们有所帮助。

【活动目标】

1. 认识作业在学习中的意义。

2. 清晰合理分配时间与顺利完成作业之间正相关的关系。

3. 体验跟作业在一起时的快乐。

【过程与方法】

我们的约定:尊重保密,真诚倾听,积极参与,乐于分享。

 导入活动

1. 教师故意说:"刚才和班主任商量好了,今天上完课,完成一项心理作业:每人写一篇600字的课后感。"说后看学生的反应。

2. 请学生谈此时的内心感受。

3. 导入课题:爱上作业。

 你说我说:不爱写作业的原因

1. 学生自由举手,交流不爱写作业的原因

2. 询问学生对这些原因的看法,并提问:这些能不能成为我们不写作业的理由?

 探究学生写作业的意义

1. 小组讨论:学生为何要写作业?

2. 小组代表在班内交流。

3. 教师总结:写作业不是老师要求的,而是我们成长、获取知识的过程中不可缺少的一部分。

 爱上作业

可能有同学会说,老师,道理我都明白,我也想喜欢上作业。可是,没办法啊,我看到作业就犯愁、就心烦……那大家愿不愿意跟着老师来试一下,看看能不能找到一个好办法让我们喜欢上写作业呢?

接下来的这个活动,也许能帮助大家爱上作业、喜欢上作业,有谁愿来体验一下?

1. 校园剧场:我和"作业"。

请想要改变的一名同学站到场地中间来,从周围的同学中选一位同学代表他的"作业",选一位同学代表"知识",选一位同学代表"时间",选一位同学代表"能力",再选一位同学代表"学科老师"。所有的同学上场后,老师引导大家,不带任何的思考,完全跟随着自己的感觉移动,并感受自己的感受。慢慢地,可以看到当事同学跟自己作业的关系,以及跟他的作业相关的知识和各种能力的关系,还有学科老师对当事同学的作业及想法。当他看到自己的知识及各种能力的获得跟作业的关系,以及老师对他的关心的时候,心里

会豁然开朗,完全丢掉了原来对老师和作业的看法。然后,教师引导他好好看看"时间",这时,会发现看到"作业"感觉很轻松;再引导他跟"作业"好好相处,感谢"作业"和老师,这时,所有的一切都会发生改变,他突然感觉到自己竟然喜欢上了"作业","知识"和"能力"也纷纷向他靠拢过来,甚至跟他紧紧拥抱……

2. 学生交流分享感受。

3. 想象练习:大家一起爱上作业。

先引导学生慢慢进入放松状态,使每一位同学都在脑海里关注合理分配好的时间、尊重老师、跟作业进行友好对话、学会接受作业、跟作业交朋友、爱上作业,并体验喜欢上作业后自己快乐的心情,更加感受到上学的快乐以及生命的意义。

4. 学生交流分享想象练习之后的感受。

 感悟分享

通过这节课的学习、感受,你有哪些收获?

 生活链接

请同学们课下跟父母交流写作业的意义,将今天课上所讨论的内容整理出来,写在作业本上。

本节课即将结束,最后祝愿大家带着今天的收获和感悟,在今后的日子里轻松愉快地面对每一天的作业和学习!

 实践反思 SHIJIANFANSI

现在大多数学生不爱写作业,是因为他们不了解也从未思考过作业的意义,没有写作业的动力。本节课,设计安排了一个重要的环节,让学生自己来讨论作业的意义。这对于后面帮助学生爱上作业起到了一个很好的心理铺垫作用。

课程结束后,老师也会深切地反思:老师和家长要善于教育孩子如何对待作业,老师要科学地留作业和批作业,家长要理智地教育孩子认真地对待作业。

本节课,还设计了非常有意思的活动,让学生来扮演作业、老师、知识、能力和时间等,自然地呈现出"作业"跟学生想要获得的"知识"和"能力"的关系。这种方式及其强烈地震撼了学生的心灵,自然会引发他们内心的改变。

这里和大家分享写作业的几条意义:

第一，使学生更加深刻地理解课堂所学知识。如果不写作业，往往对所学知识不见得真正理解，或者会很快遗忘。

第二，使学生发现自己学习上的弱点。一些学习上的薄弱环节，可以在写作业中发现和弥补。

第三，使学生增强学习的技巧。一些学习上的技巧，往往都是在写作业中得到增强和提高的。离开写作业、做练习是无法增强技能技巧的。

第四，使学生提高自信。一个学生的学习自信是在长期地做练习和写作业形成的，不写作业的学生不能够完整把握知识，很难形成学习上的自信心。

第五，培养学生良好的学习习惯，如科学答题、书写规范、写作业前阅读课本及课堂笔记等。

第六，使学生在解题中扩大知识的信息量，逐步形成自己的知识网络。

第七，在解题中发展个人的思维能力、观察能力、计算能力及表达能力等。

生活化瞭望
SHENGHUOHUALIAOWANG

1. 孩子对待作业缺乏热情可以从家长身上找原因。

专家指出，孩子一、二年级的时候，家长和孩子都未发现作业的难度，所以孩子们的作业很容易就能完成，但到了三年级或更高的年级，做作业是要建立在认真听讲才懂得做的基础上，不少家长会缺乏类似的"警觉性"，只是一味地批评孩子不认真做作业，没有想过孩子是不会做呢还是上课没有留神呢。如果因为家长的粗心，没有发现孩子的异常，只是单一地指责孩子，孩子就显得更加无助，学习的兴趣会完全消失。所以，当我们发现孩子对待作业并不积极时，不要第一时间指责孩子，而是通过细心的观察找到根源，帮助孩子渡过难关。

2. 美国著名教育心理学家奥苏贝尔认为，课堂学习的主要动机是成就动机。成就动机包括三个方面：认知内驱力（有学习兴趣和好奇心）、自我提高内驱力（赢得班级地位和自尊心）和附属内驱力（得到老师、家长的赞许和表扬）。成就动机结构中的三个部分所占的比重会随着年龄、学段、学习经历的不同而发生变化。

青岛第二十四中学　程秀灵

记忆的金钥匙

课程素材
KECHENGSUCAI

【故事宝库】艾宾浩斯的故事

德国著名的心理学家艾宾浩斯（1850—1909）在 1885 年发表了他的实验报告：人们接触到的信息在经过人的学习后，便成为了人的短时记忆，但是如果不经过及时的复习，这些记住过的东西就会遗忘。艾宾浩斯还做了个著名的实验。他选用了一些根本没有意义的音节，比如 asww, cfhhj, ijikmb, rfyjbc 等，经过对自己的测试，得到了记忆量变化的规律，这就是艾宾浩斯的遗忘曲线图。

课程设计
KECHENGSHEJI

【课题】记忆的金钥匙

【适用年级】七年级

【主题背景】

中学阶段的学习科目繁多，有许多学生因为缺乏良好的记忆方法，无法学习更多的知识，而对学习产生一种畏难情绪，从而影响了学习成绩。如果有意识地在记忆方面对学生加以科学引导，让他们掌握一定的记忆诀窍，优化他们的记忆策略，就可以缩小学生间基础能力的差异，有效地提高记忆力，进而建立愉快的学习体验，为今后的学习乃至终身学习奠定良好的基础。

【活动目标】

1. 寻找和了解记忆的规律，增强提高记忆的信心。

2. 学习并掌握一些有效的记忆方法，增强记忆力。

3. 学会灵活运用记忆的方法，获得愉悦记忆的体验。

【过程与方法】

 导入新课

在上课之前送给大家一句话：不为失败找理由，只为成功找方法。希望大家在本节课堂上找到增强记忆力的好方法。

我们来看学习的几个环节：

测一测，自己的记忆力如何？

找一找，记忆的规律是什么？

想一想，记忆的方法有多少？

练一练，记忆方法是否掌握？

说一说，本节课的收获有多大？

 新授知识

（一）测一测，自己的记忆力如何

1. 规则：随机出示 12 个字，5 秒钟呈现一个，不能用笔记录；全部出示完毕后，请大家默写，默写时可以不按顺序。

2. 让学生在本子上写出所能记住的字。

3. 教师出示 12 个字，根据标准了解自己的记忆力水平。

衡量标准：如果这 12 个都能记住，说明你的记忆力惊人地棒！

如果记住了 8 个以上，记忆力就是优秀。

如果记住 4～7 个说明记忆力良好。

如果是 3 个以下也没关系，说明记忆的方法、规律还没有掌握，可以通过训练来提高记忆能力。

（二）找一找，记忆的规律是什么

根据刚才活动，教师带领学生找一找记忆的规律。

1. 寻找规律一。

（1）回顾刚才的 12 个字，这里有哪一些字你容易记住？你看看它们的位置有什么特点？

（2）学生回答并寻找规律，得出：

规律一：两头容易　中间难记。

（3）如何应用：

学生小组讨论，寻找应用方法。

教师总结：

① 把重要的材料放在最前面或最后面记；

② 把长材料分割成短材料记，最后串起来一起记。

2. 寻找规律二。

（1）教师讲解艾宾浩斯的遗忘曲线图。

德国著名的心理学家艾宾浩斯（1850—1909）在 1885 年发表了他的实验报告：人们接触到的信息在经过人的学习后，便成为了人的短时记忆，但是如果不经过及时的复习，这些记住过的东西就会遗忘。解决与前面的重复问题艾宾浩斯还做了个著名的实验。他选用了一些根本没有意义的音节，也就是那些不能拼出单词来的众多字母的组合，比如 asww, cfhhj, ijikmb, rfyjbc 等等。他经过对自己的测试，得到了一些数据：曲线表示记忆量变化的规律。

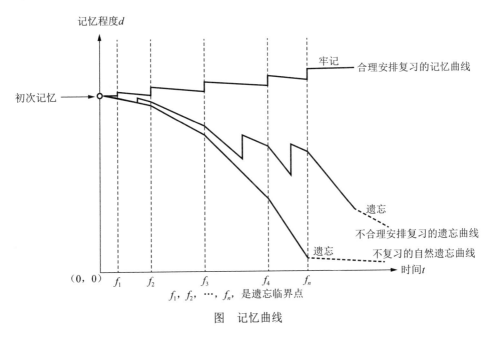

图　记忆曲线

（2）请学生阅读遗忘规律的材料（文字、图片），思考以下问题：

① 这条曲线告诉我们遗忘的规律是什么？

② 掌握了这一规律，该如何应用这个规律来改善我们的学习？

（3）小组研讨，得出结论。

规律二：遗忘进程是不均衡的，是先快后慢的。

（4）如何应用：自己学过的内容要注意及时复习。

3. 验证规律三：理解的材料容易记。

第三条规律让我们共同来验证。规律三是说理解了就不容易遗忘。那在学习生活中有没有这样的例子？

教师分享：记得我上学的时候老记不住 $s=vt$ 这个公式，后来我知道了 t 就是 time 时间，然后感觉那个 s 弯弯曲曲的像是路程……也就是当你理解了公式就写不错了。大家无论在哪一学科上都会用到这个，所以我们在这个规律三中，共同得到了一把金钥匙，那就是：不要死记硬背这些知识，无论是古文、散文还是物理公式、数学公式，都要把一些方法用自己的小窍门去记住它。

1. 请学生结合自己学习中的实际情况，举例说明理解的材料容易记。

2. 应用：不要死记硬背，对一些枯燥的材料可以用一些方法去记忆。

（三）想一想，记忆的方法有多少

1. 教师提问：在以前的学习过程中，你曾经用过哪些记忆的方法？说出来与大家分享吧！

2. 学生进行头脑风暴，交流记忆的好方法。

3. 教师总结：

（1）化整为零记忆法。

把一长串的资料分成一个个零散的小段 A，B，C，D，……然后，先背熟 A，再记住 B，再把 AB 联起来背一遍，再记住 C，然后把 ABC 联起来记忆。依次类推，直到把所有内容都记熟，这就是化整为零的记忆方法，比直接一遍一遍地记 A，B，C，D 有效得多。

（2）谐音记忆法。

举例：

① 记忆圆周率：3.14159（山巅一寺一壶酒）。

② 马克思出生日期为 1818 年 5 月 5 日（马克思一巴掌一巴掌，打得资产阶级呜呜地哭）。

（3）联想记忆法。

① 富士山的高度为 12365 英尺，等于一年的月份和天数。

② 单词 family：可以理解或拆分为 father and mother I love you，将各个字头连起来，就可以有效记忆 family 这个单词。

（4）协同记忆法。

协同记忆法就是采用手、脑、眼、耳等多感官并用的记忆方法。

提示：心理学家研究表明，人从视觉得到知识能保持 25%，从听觉得到的知识能保持 15%，把视觉、听觉结合起来就能记住 65%。

举例：汉字"聪"的结构。

（四）练一练，记忆方法是否掌握

1. 阳光、小鸟、实验室、花布、美国、麦当劳。

2. 李渊建唐：618年。

3. 马克思生于1818年，卒于1883年。

4. dictionary beautiful important。

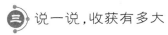 说一说，收获有多大

1. 通过今天的学习，我知道了（　）个记忆规律和（　）个记忆方法，请分别详细说明。

记忆规律：＿＿＿＿＿＿＿＿＿＿＿＿＿＿＿＿＿＿＿＿＿＿＿＿＿；

记忆方法：＿＿＿＿＿＿＿＿＿＿＿＿＿＿＿＿＿＿＿＿＿＿＿＿＿。

2. 在今后的学习中，我准备这样应用这些规律和方法。

＿＿＿＿＿＿＿＿＿＿＿＿＿＿＿＿＿＿＿＿＿＿＿＿＿＿＿＿＿＿

 课堂小结

这节课我们通过测一测活动，了解了自己的记忆力水平，又通过探索找到了三个记忆的规律，通过学习分享了四种记忆的方法。记忆的方法还有很多，我们每个人也都有各自的记忆小妙招。希望每个同学都能选择合适自己的记忆方法，使我们的学习达到事半功倍的效果。相信大家在今后的学习中能够运用好科学记忆这把金钥匙，用它开启记忆之门，踏上高效学习之路。

 布置作业

制定一个记忆方法运用表，记录你每天运用的记忆方法。

实践反思
SHIJIANFANSI

考虑学生所处的年龄段和学业需求，避免讲太多的理论性知识，运用体验式和情境式教学模式，并将启发引导、对比和案例教学法穿插其中；教学过程环环相扣，引导学生进行头脑风暴，寻找记忆的方法，最后教师有机地整合总结，并运用学生身边的知识加以举例说明，激发学生的学习兴趣。

在课堂上，坚持面向全体学生的原则，以学生需要为出发点，尊重与理解学生，力求学生人格的整体性发展。形式上以学生活动为主，体现的是学生心理活动的轨迹，注重对学生的激励性评价，评价的语言力求个性化、多元化。这些激励性评价，让学生整节课兴趣盎然，不仅充满了信心，还乐于接受

挑战,课堂气氛活跃。学生在一种愉悦的氛围中分享快乐,体验成功,获得方法,增强自信。

在活动中,重视学生的内心体验、心灵感悟,从而把活动课上所获取的心理体验运用于实际生活中,指导实践。活动中,积极地为学生创设情境,让学生从内心深处进行体会、琢磨,产生共鸣。

生活化瞭望
SHENGHUOHUALIAOWANG

适合中学生的记忆力训练方法

(1)重复记忆。重复是学习之母,尤其像字词、术语、外语单词、历史年代、事件等枯燥乏味的东西,更需要循环往复地记忆。

(2)早晚记忆。根据心理学原理,早晚记忆分别只受"倒摄抑制"和"前摄抑制"的单项干扰,因而记忆效果较好。

(3)读写记忆法。边说边记,多种分析器的协同合作也是提高记忆成效的重要方法。这种方法特别适合于记字词、诗词、外文单词等。

(4)间隔记忆方法。读一本书,学一篇文章,最好分段交替进行记忆,记忆时间不宜过分集中。

(5)概要记忆法。在一般不可能把所有的内容和细节都记下来的场合,如听报告、故事,看电影、小说,可把其中心、梗概、主题记住;或先记一个初略的框架,然后再设法回忆补充。

(6)选择记忆方法。古人云:"少则得,多则惑。"读书学习都要抓住其中的重点、难点和关键。记忆的内容有所选择,不要"眉毛胡子一把抓",更不要"拣了芝麻,丢了西瓜"。

(7)趣味记忆方法。"热爱是最好的老师。"一个学生倘若对某一门学科特别感兴趣,其学习成绩也往往较好。

(8)运用记忆法。记忆是建立联系,运用则是巩固联系的最有效手段。我们一定要把所学到的东西运用到实践中去。在运用中加深理解、巩固记忆。

当然,记忆力的培养,最根本的方法就是勤奋学习。学习的知识越多,人的记忆力也就越强。孔子早就说过"多见而多识之""多学而多识之",识就是记忆。

青岛第七中学　刘　倩

考试——我的朋友

课程素材
KECHENGSUCAI

【校园剧场】我和"考试"

两人一组，先由第一个人扮演"学生"，另一个人扮演"考试"。"学生"根据屏幕上的提示表演动作，分别创设三个情境——"考试，我讨厌你"；"考试，我不怕你"；（面带微笑）"考试，我愿意和你在一起"。"考试"要根据自己的感受做出相应的回应。这个过程中所有人都不能说话，而要通过动作、表情来交流。（注意提醒学生不要说话，一定要关注自己内心的感受）然后互换角色，保证两个学生都能体验到"学生"和"考试"的心理感受。

课程设计
KECHENGSHEJI

【课题】考试——我的朋友

【适用年级】七年级

【主题背景】

考试是通过书面、口头提问或实际操作等方式，考查参试者所掌握的知识和技能的活动。很多考试心理辅导的重点都放在克服紧张的情绪上，对学生的状态调整有一定帮助。本课的突破是重在提前预防，使学生接纳伴随考试而来的紧张等，初步感受与考试这样的压力事件友好相处的好处，增加学生应对考试压力的能力与弹性。本课通过创设情境，让学生自己寻找与考试相处的最佳方式，并在课堂模拟中加以演练，以提高学生的应考能力和抗焦虑能力，从而在考试中更好地发挥其应有的水平。

【活动目标】

1. 觉察自己以往对考试的不同感觉。

2. 体验对考试的不同态度带来的不同感受,在行动中建立对考试的新态度。

3. 强化对学习的快乐体验,以阳光的心态对待学习。

4. 在沟通姿态练习中学会运用同伴互助的积极力量。

【过程与方法】

 热身活动:手指操

"我们一起来考试"。

 考试初体验

这节课,我将和同学们一起探讨我们经常做的一件事——考试。提起考试,你的第一感觉是什么?可能每个人的感觉不一样。如果把这种感受画出来,它可能是个符号,可能是个形状或者任何的事物,你感觉它是什么它就是什么,不用过多思考。用你喜欢的颜色把你的感觉画出来,画完之后,用一个词来形容你这种感觉,把这个词写在纸上。给同学们三分钟时间。谁愿意和大家分享一下你画的画?(学生交流自己画的是什么,是什么感受,为什么是这种感受)学生交流感受,教师根据学生的回答进行回应,并引出主体活动。

 考试,我和你在一起

1. 明确规则。

这个过程中所有人都不能说话,而要通过动作、表情来交流。先请两个学生来示范,一个扮演"学生",一个扮演"考试"。"学生"根据屏幕上的提示表演动作,"考试"要根据自己的感受做出回应。

2. 学生示范。

"学生"分别扮演三个情境——"考试,我讨厌你""考试,我不怕你""考试,我愿意和你在一起"。扮演"考试"的学生做出相应的反应。

3. 交流感受。

当"学生"做出不同的动作时,"考试"有什么感受?当"考试"的反应不同时,"学生"的感受又是什么?

4. 小组练习。

两人一组,先由第一个学生扮演"学生",分别表演三个动作,另一名学生扮演"考试",做出相应的回应;然后互换角色,保证每个学生都能体验到

"学生"和"考试"的心理感受。(提醒学生不要说话,一定要关注自己内心的感受)

5. 感悟交流。

(1)刚才你在扮演"考试"和"学生"过程中感觉最强烈的是什么?为什么?

(2)你在做哪个动作时心里更舒服一些?为什么?

6. 总结升华。

同学们都觉得第三种动作让我们感觉最舒服。当你在做前两种动作时,考试处于你的对立面,成了你的负担;而当你选择快乐地和考试在一起时,考试就成了你的朋友,陪伴着你,和你愉快相处。所以,你对待考试的态度决定了考试会怎样影响你。

不过,和考试做朋友真的很需要勇气,你愿意尝试和考试做朋友吗?

下面让我们一起想象和考试做朋友的情景。

（四）放松冥想

播放背景音乐《神秘岛》。

指导语:请同学们选择一个舒服的姿势,闭上眼睛,深深地吸一口气,然后再缓缓地呼出。想象你来到一片绿油油的草地上,温暖的阳光照在你的身上,周围飘着花的清香,耳边回荡着鸟的鸣唱,你感觉很温暖、很安全。"考试"这位朋友带着微笑来到你的身边,你仔细看一下他是什么样子的。他拉起你的手,你们一起去讲述你的梦想。在这个旅途中,"考试"有时像个精灵,给你讲述神奇的故事;有时又像导游,让你发现不曾留意的美。在旅途中,你可能累了、倦了,考试这位朋友会给你打气,他说:"只要你坚持,只要你努力,就一定会实现你的梦想!"在他的陪伴下,你终于到达了理想的彼岸。请回忆他带给你的点点滴滴,你想对他说点什么、做点什么?请你记住这种感觉,记住你此时此刻对他说的话,把这种感觉深深地藏在心底;然后带着这位朋友,离开草地,回到教室中来。

（五）考试再体验

看到同学们沉浸在与"考试"这位朋友相处的快乐中,我非常高兴。现在我们再来看看刚开始上课时画的画,你对"考试"的感觉有所改变吗?如果有,请用你喜欢的颜色修改这幅画,或者选择重新画出一幅画。画完后,同样选择一个词形容你对考试的感觉,并把它写在纸上。给大家三分钟时间。(学生带着刚才冥想中的感受修改图画或重新画画)谁愿意分享一下自己的画？（学生交流自己做了哪些修改，现在的感受是什么？）

 收获小结与感悟

同学们，朋友能丰富你的体验，帮助你成长。考试这位朋友也是一样，它会在你的学生时代，带你领略不同的风光，让你接近你的理想。在以后的日子里，愿你怀着阳光般的心态，与考试这位朋友快乐同行！

 实践反思
SHIJIANFANSI

本堂课针对学习心理辅导，从考试心理辅导入手，具有很好的适时性和针对性。在各个环节设计上，反复论证，几经锤炼，形成这样一堂如何对待考试的辅导课。

在题目的确定上，就经过了一个过程。开始的"考试紧张怎么办"过于负向引导；后来的"面对考试，我能行"，过于苍白；"面对考试，我不怕"，也显得牵强；后来，大家一起讨论，蹦出了"考试，我的……"这样的句式，顿感轻松、活泼而充满主动性和力量感；最后，确定为"考试，我的朋友"。

课前对考试态度的调查，已经对学生的学情做了初步的了解，学生带着对考试的感受及对以往学习生活的体验进入课堂，启动了对本堂课的参与热情。

在课堂上"头脑风暴"环节中，画出自己的感觉、表达自己的过程，又是与成员充分互动、与集体充分交融的过程，且在此过程中，学生通过绘画左右脑并用，初步接触自己的潜意识层面，分享考试带给我们的方方面面……在脑力激荡中体验到了多角度思考的魅力。在课堂现场，对此环节的把握需要教师对活动生成有充分预设及现场应对能力。在学生分享后，教师对学生观点的提炼，随时捕捉学生思维的火花，小结的方式会显得课堂流畅自然，每个归纳都出现得恰如其分；如果到环节末尾处总结，会显得生硬，但集中出现比较容易使学生形成整体认知。

在"面对考试"这一重点环节中，采用了不同沟通姿态的练习，引导学生打破固有的行为模式，尝试新的可能性，帮助学生体验对待考试不同的态度会产生不同的心理感受，体会一致性的表达和沟通所带来的新感觉。最终让学生接纳考试，变对立为相伴，把考试当朋友相处。

在"心底回流"环节中，让学生带着当下的感觉重新回到系统，找出自己的多种资源，获得更多的自信感，从而激发自己的一种或多种动力点。

最后"走向生活"环节,通过绘画的形式,让学生重新建构,起到首尾呼应的效果,完成句子是让学生对未来有一个新的期许和新的决定,以这两种形式结尾,会让学生有被尊重的感受;只是在造句方面,需要有意识地引导学生填写一些具体实际的做法,以此来完成句子,而非泛泛之谈或者"假大空"。

最后将自己完成的句子贴在黑板上,让集体意识的作用呈现,会激起学生强大的兴致和参与热情。学生在自主选取时间、位置的过程中,感受到在一起的感觉以及互相支持的力量,对考试的勇气和信心都被调动起来了。走出课堂,学生带着画的两幅画,及在本堂课上形成的认知和体验,形成意识图像,增长面对其他困难的经验和力量。

萨提亚家庭治疗的核心

本课的中心环节——面对考试,采用的是萨提亚的家庭治疗理论。

萨提亚的特色可以概括为以下三点:① 着重提高个人的自尊,发展出高度的自我价值是萨提亚倡导的核心。我们并非生活在一尘不染的真空里,所以,无论我们曾经经历了怎样的不顺意,都要安心愉悦地接纳。我们也并非万能的主宰,所以,无论我们用什么样的沟通方式与外界对话,都要由衷感激我们的应对。每个人内在都拥有丰富的能量和资源,如果我们感受到这些资源的存在,生命将更加自信坚定、快乐平衡。② 改善沟通及帮助人活得更"人性化",而并非只求消除症状,我们的人际关系和生命质量常常因沟通受到影响。不强调刻意的训练,而是通过发掘个人内在的资源与能量,在自我价值获得提升的基础上,使外在(言和行)与内在(感受和需求)相联结,带来有效的人际互动,实现身心一致的沟通。③ 最终目标使个人达成"身心整合,内外一致"。

萨提亚五种沟通姿态:

1. 讨好型。

试图远离对自己产生压力的人或减轻自己因某些人所带来的压力。

2. 指责型。

试图表明不是自己的过错,让自己远离压力的威胁。

3. 超理智型。

逃避现实的任何感受,也回避因压力所产生的困扰和痛苦。

4. 打岔型。

让别人在与自己的交往时分散注意力,也减轻自己对压力的关注,想让压力因素与自己保持距离。

5. 一致型。

认可压力的存在,正视自己处于压力之中,承担起自己在压力中的责任,为有效地应对压力而作出努力。

从出生到死亡,成长与岁月相关。从家庭到社会,成长与环境相关。从稚嫩到成熟,成长与经历相关。从平凡到成功,成长与称许相关。有多少生命,就有多少条与众不同的成长轨迹,她在我们的心灵原野上留下深深浅浅的痕迹,并在不知不觉中影响着我们的人生方向。

青岛市市南区教育研究中心　　松　　梅

挑战注意力

课程素材
KECHENGSUCAI

【故事宝库】你看到了什么

在一次心理学国际会议正在举行的时候,突然从会场外面冲进来一个农夫,后面追着一个黑人,手中挥舞着手枪。两人在会场中追逐着。突然"砰"的一声枪响,两人又一起冲出门去。事情发生的时间前后不超过 20 秒钟。在与会者的惊慌情绪尚未平息的时候,会议主席却笑嘻嘻地请所有与会者写下他们目击的经过。原来这是一位心理学教授特意安排做的实验。结果怎么样呢? 在所有上交的 40 篇报告中,没有一个人的记载是完全正确的。许多报告细节还是编造出来的,比如每个人都承认看见了一个黑人,但是只有 4 个人记得黑人没长头发,其他人都认为他长着头发,甚至说他戴着一顶高帽子。

课程设计
KECHENGSHEJI

【课题】挑战注意力

【适用年级】八年级

【主题背景】

注意是心理活动对一定对象的指向和集中。它作为一种心理现象,始终伴随着认识活动或学习的全过程。因此,提高注意力对于顺利完成任务、促进智力发展具有重要的意义。初中的学生,由于知识量的增加,对上课听讲的质量要求提高,注意力就成为一个至关重要的因素。因此,根据学生的需要设计了此课。

【活动目标】

1. 了解注意力的特性及影响因素。

2. 学会集中注意力的方法。

3. 培养善于不断提升注意力的意识。

【过程与方法】

 导入新课

创设情境:教师带一些东西,如铅笔、钥匙、粉笔……借故让学生找东西把他们的注意力引到别处,把这些东西拿出来放到讲桌上然后放回去。

教师提问刚刚拿出并放回的东西都有哪些,从而导入课题"挑战注意力"。

 注意力学习

1. 注意是指心理活动对一定对象的指向和集中。注意不是一种独立的心理过程,它总是和心理过程联系着,比如"注意看""注意听"。

2. 特性。

(1)注意的指向性:注意有明确的目标。

故事:在一次心理学国际会议正在举行的时候,突然从会场外面冲进来一个农夫,后面追着一个黑人,手中挥舞着手枪。(具体内容见故事宝库)

校园剧场:反穿衣服

两位同学参加表演,首先都在教室外。一位同学一边挥舞着校服,一边大喊大叫着从教室门外跑进来,并绕着教室跑一圈;另一位同学反穿着校服,跟在第一位同学后面迅速从教室外面跑回座位坐下,然后迅速脱下反穿着的校服。

提问:请描述你所看到的。(学生重演来加深对指向性的理解)

(2)注意的广度是指同一时间里能注意到的对象的数量。

研究表明,一个人正常的注意广度为7±2个对象,也就是说,当注意对象的数量超过9以后,人们往往难以清楚地把握。注意广度,是随着人的学习经验的丰富而扩大的。

训练:你能找出几组三个连续的数字?

34	24	39	25	45
23	22	12	17	35
30	41	11	40	15

20	31	63	32	28
43	10	44	61	27
19	62	16	60	13

答案：

10、11、12、13

15、16、17

22、23、24、25

30、31、32

39、40、41

43、44、45

60、61、62、63

（3）注意的分配：人在进行两种以上活动时，能同时注意不同对象的能力。

挑战活动：同时一手画圆一手画方，我能画成什么样？

在此区分：分配和分散的异同（主动和被动）。

3. 小组讨论：影响注意力的因素。

（1）大脑是否疲劳；

（2）被注意的目标是否明确；

（3）对所注意内容的兴趣；

（4）被注意对象的数量；

（5）外界的干扰……

4. 注意力的训练方法。

（1）阅读法：选择一段课文，准备朗读，不要多读字、少读字或读错字。如读不准确，就要重来一遍，一直读到准确为止。评判可以请父母亲，也可用录音的方法，将自己读的声音录进去，然后放一遍，自己核对一下。阅读课文的量可以从少到多。

（2）视物法：看一个物体，一分钟后，说出这个物体的特征，越详尽越好。

倒背数字法。例如：从 100、99、98……依次数到 1，也可以从 10000、9998、9996……依次数到 2，做到快、准。多次训练，你的注意力会提高。

（3）游戏法：捉蜻蜓。

游戏规则：

坐在一起的同学自由搭配，每个人伸出右手和左手的一根手指。把自己的手心放在另一个同学的手指上方，而他则把手心放在你的手指上方。我会读一篇带有"蜻蜓"的文章，当你们听到"蜻蜓"这个词的时候，要尽快用手抓住对方的手指,并且要注意不要让别人抓到你的手指。

 课堂小结

我们学习时要使思想集中,首先要找出什么东西让自己思想不集中,如果是外界的干扰太大,自己的注意力就难以集中。有条件的可以调换学习环境,如果条件不允许,则要用坚强的意志、顽强的毅力去抵抗,这样才能提高学习效率。俄国有位教育家曾经说过:"注意是一扇门。"我们所要学习的一切知识都要从它那里通过。在学习中,只有时时、处处保持高度的注意力,才不会让知识从我们身边溜走。注意力的集中程度对于学习的效果来说很重要。同样聪明的人注意力的集中程度不同,学习的效果也完全不同。

今天同学们都知道了影响注意力的几个因素,也初步了解了自己的注意力情况,今后我们要不断进行注意力的训练,因为提高注意力对于顺利完成学习任务是很重要的。

 你的收获

通过今天的学习你有哪些收获,用一句话或一个词语来概括说明。

实践反思
SHIJIANFANSI

首先,通过一个个生动有趣的活动、游戏、故事来吸引学生,充分体现了心理健康教育课的活动特点,让学生在整个活动中体验到挑战注意力带来的乐趣并尝试到成功的喜悦,感受集中注意力的重要性,从而更加积极主动地去调整自己,并能联系实际找到生活中、课堂上自己不专心的各种因素,想办法克服。

其次,学生的发言积极,师生互动有序,学生活跃,课堂处处能看到思维的火花。整个活动顺应心理特点,游戏贯穿整个课堂,学生能畅所欲言,说出自己的想法。

"反穿衣服"这个活动是以重演注意力的指向性中的故事为前提的。"重演故事"实际上是引导学生把注意力指向故事。实际上重演的是"反穿衣服"。从表演结束后学生的描述看,绝大部分学生对"大喊大叫"同学描述得比较详细,对"反穿着校服"的同学描述得比较简略,甚至有相当一部分班级竟然全班没有一个学生发现第二个同学的衣服是反穿着的。纸上得来终觉浅,实际感受印象深。这节课结束后,相信至少初中三年一提起有关注意力的问题,每个上过这节课的学生都会想起这个"反穿衣服"的小短剧。

生活化瞭望
SHENGHUOHUALIAOWANG

1. 你所不知道的注意力。

注意力是智力的五个基本因素之一,是记忆力、观察力、想象力、思维力的准备状态,所以注意力被人们称为心灵的门户。

注意是一种意向活动。它不像认知那样能够反映客观事物的特点和规律,但它和各种认知活动又是分不开的,它在各种认知活动中起着主导的作用;人的所有心理活动总是和注意联系在一起的。

由于注意,人们才能集中精力去清晰地感知一定的事物、深入地思考一定的问题,而不被其他事物所干扰;没有注意,人们的各种智力因素,观察、记忆、想象和思维等将得不到一定的支持而失去控制。

注意是心理活动对一定对象的指向和集中。它作为一种心理现象,始终伴随着认识活动或学习的全过程。因此,提高注意力对于顺利完成任务、促进智力发展具有重要的意义。集中指的是注意力指向于一定事物的聚精会神的程度。学生的学习成绩与学生学习时的注意力集中是呈正相关的。稳定指的是在一定时间内把注意集中于某一事物或活动上的能力。注意的集中和稳定是学习知识的前提。对于学生来说,提高其集中程度,保持其稳定程度是注意力训练的基本任务。

2. 注意力训练的十个方法。

方法之一:运用积极目标的力量。

方法之二:培养对专心素质的兴趣。

方法之三:要有对专心素质的自信。

方法之四:善于排除外界干扰。

方法之五:善于排除内心的干扰。

方法之六:节奏分明地处理学习与休息的关系。

方法之七:空间清静。

方法之八:清理大脑。

方法之九:对感官的全部训练。

方法之十:不在难点上停留。

青岛第二十六中学 江 晶

与难题共舞

课程素材
KECHENGSUCAI

【**绘声绘影**】课件《我们曾不怕困难》

采集不同宝宝学习走路的视频和照片，带领学生回溯到我们人之初的学习情境中，感受我们从小就具有强烈的学习愿望，我们不怕困难，敢于尝试，最终学会走路，取得胜利。

【**校园剧场**】我和"难题"

请一位同学反映本小组集中的学习难题，再让他找一个人代表"难题"，并用一种动作甚至语言表达自己面对"难题"不舒服甚至反感的感受。同样，也请"难题"对主人表示出自己此刻的姿态。引导学生体会到一味地抵抗"难题"对自己并无帮助，只有寻找方法才会有转机。先请本人说说自己能想到的方法，如果找不到，就请在座的同学出主意。每说出一种方法或者资源支持的时候，就请同学做代表，站在这位同学身边，把手搭在他的肩上或者背上，一起面对"难题"。

课程设计
KECHENGSHEJI

【**课题**】与难题共舞

【**适用年级**】七年级

【**主题背景**】

七年级的学生刚刚从小学进入中学，这是他们学习生涯中的一个转折点。在小学中，他们的学习科目、知识难点比较少。进入中学，随着学习科目的增多，不少学生觉得学习压力大。此时，他们的生理和心理特点变化明显，是培养学习能力、意志品质和学习习惯的良好时期。同时,初中时期是学生从被动的学习主体向主动的学习主体转变的巩固期,但因课程的设置,他们经常会遇到很多自己难以解决的问题,是不安的开始。许多学习成绩不理想的学生,并不是因为其智力不高,而是他们缺乏正确的学习态度。在学习上,一遇到难题就退缩,久而久之对学习的兴趣越来越低,成绩越来越不理想。所以,引导学生正确面对难题、认识难题,以及和难题建立和谐的关系显得尤为重要。

【活动目标】

1. 认识到我们从小就不断面临难题、不断地尝试解决难题,引导学生树立解决难题的自信心。

2. 运用心理雕塑技术,认清难题真相,尝试和它建立和谐的关系,并让其成就自己。

3. 通过心之舞,和学习中的难题建立全新的关系,感谢难题的陪伴。

【过程与方法】

【课前准备】根据班级情况把全班同学分成四五个小组,每组 8 ～ 10 人。

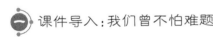 课件导入:我们曾不怕难题

人是天地间的精灵,从小我们就开始学习各种本领。七八个月的时候,我们会爬了,可是我们并不满足,我们想学习走路!如何让自己弱小的身体站起来,这真是一道难题呀!大家想不想知道我们曾经是怎样面对难题的?

播放《我们曾不怕困难》视频,刚才这段资料是我们每个人都有的学习经历,此时你有什么感受?

我们从一个什么也不会的人,挑战难题,变成一个掌握这么多本领的人,所以我们可以自豪地说——我很棒!我们从出生一直在不断地学习,每个人了不起!

二 主体活动——我和学习难题

1. 问题大搜索——呈现问题。

老师先暴露自己的难题,再问学生:谁正面临着学习中的难题?谁有一直没有解决的问题?我们一起来面对!请每个小组分享在学习过程中的比较集中的难题。(教师板书)那我们如果遇到难题就逃避,被难题吓倒,会有什么样的后果?

正如大家所说,逃避难题对我们的成长并不利,如果我们尝试和难题建立一种全新的关系,那会怎么样呢?我们一起来探究一下!

2. 雕塑——解决问题。

示范解决一个难题:请一位学生反映本小组集中的学习难题,再让他找一个人代表难题,并用一种动作甚至语言表达自己面对难题不舒服甚至反感的感受。同样,也请"难题"对主人表示出自己此刻的姿态。引导学生体会到一味地抵抗难题对自己并无帮助,只有寻找方法才会有转机。先请本人说说自己能想到的方法,如果找不到,就请在座的同学出主意。每说出一种方法或者资源支持的时候,就请同学做代表,站在这位同学身边,把手搭在他的肩上或者背上,一起面对难题。

采访这位同学此时的感受,并建议他和这些力量握手或者拥抱,感谢它们对自己的支持。当然这里所有能量的出现,皆是因为"难题"的出现,所以,更要拥抱"难题",心怀感激地面对难题。

再采访"难题":现在他调动了那么多力量面对你,你有什么感受?那你会如何走动?采访在座的同学,通过这一幕,你觉察到了什么?

3. 小组合作,寻找化解难题的方法。

刚才每个小组都遇到过难题,结合刚才的学习小组成员之间相互合作,商讨出本小组化解难题的方法,写在彩色卡片上。最后请组长总结发言,并将卡片贴在黑板上。

 (三) 感谢难题,与难题共舞

通过大家刚才的探究,我们发现难题其实并不可怕,如果能善于调动自身的能量,合理运用周围的资源支持,难题也会被吓走,甚至变成朋友站在我们身旁,让我们感觉更加强大、更有力量,那我们何不与难题一起共舞呢?

请每个人静下心来,慢慢地吸气,慢慢地呼气,此时你的心情越来越平静、越来越轻松。想象"难题"此时就在你面前,它好像一位小伙伴,也在默默地看着你。你在心中默默对他说:"以前我怕你,现在我有力量了,我不怕你了。而且我要感谢你,谢谢你,让我变得越来越强大!谢谢你给我成长的机会!谢谢!谢谢!谢谢!"此时你的心情越来越轻柔,你和"难题"随着音乐翩翩起舞,请静静体会这份美妙的感觉吧!

 (四) 分享感悟,巩固升华

1. 分享感悟。

2. 总结提升:初尝难题虽然有些苦涩,可是它也是一份可贵的营养,它让学习的果实更甘美,让我们更富有智慧!与难题共舞吧,舞出我们精彩的人生！请大声说出今天我们的课题：与难题共舞！

实践反思
SHIJIANFANSI

通过每个人真实生活中的学习记录，让学生感悟到人从一出生就开始了学习之路，而且在每一步的学习之路上，难题总是围在我们身旁。可是，我们并没有畏惧，一次次战胜难题，获得成长的力量，原来我们是多么了不起！以此激发学生面对难题的勇气，激发他们的潜能。

通过系统排列和雕塑技术直观形象地展示出个人与难题的关系。面对难题，如果积极寻找优势、资源，采取恰当的方法感受面对难题的力量和信心，就一定能战胜难题。也正是因为难题的出现，才会激发自身的潜能，促使自己不断成长，从而应悦纳难题、感谢难题。

潜意识冥想的运用，旨在把学生意识层面的认识，进一步内化到学生的潜意识中，帮助学生悦纳难题，和难题建立朋友式的和谐关系，并且体会这种改变带来的愉悦。

在本节课上教师放手，让学生体验感受，进一步落实了心理课全员参与的宗旨，激发了团体自身的动力，从而能积极寻找、发现解决问题的方法，汇聚团体的力量。

生活化瞭望
SHENGHUOHUALIAOWANG

如何确立积极的学习态度

人们在学习或者工作时的心理态度、目标和执行力是其成功的关键。而消极的学习态度影响学习效果和学习目标的达成。因此，改变消极的学习态度是非常必要的。运用心理训练方式可以改变消极的学习态度，使之变成积极而有信心的学习信念，这样可以大大提高学习效率。

训练步骤如下：

1. 用"学习真是令人兴奋而有趣"等句子代替"学习真是枯燥乏味"。

2. 用"我善于学习，我能学习！"等句子代替"我不善于学习，我学不会"。

3. 用"我能了解这内容！"等句子代替"我不能学会这些"。

4. 用"能记住这些"等句子代替"我记不住这些！"。

5. 用"我可以渐渐喜欢上英语！"等句子代替"我不喜欢英语"。

经过上述训练，能使你将消极的学习态度变为积极的学习态度。训练运用自我谈话的方式，每次用上述内容的一二句，认真对自己说三遍，体味其深刻的含义，以改变消极的态度和观念。

另外，请记住你有一万个理由自卑，也有一万个理由自信！

—— 节选自《6S超级学习策略》

青岛三江学校　崔秀玲

张开思维的翅膀

课程素材
KECHENGSUCAI

【锦囊妙计】游戏体验

1. 加法数学题。

要求：数字逐个呈现，每增加一个数字学生回答一次相加结果，直到数字呈现完毕，学生回答最终结果（1000 ＋ 40 ＋ 1000 ＋ 30 ＋ 1000 ＋ 20 ＋ 1000 ＋ 10）。

注意：在计算的过程中被提问的学生要一边算，一边大声说出答案。

2. 给绳子打结。

在你面前有一根绳子，请你用左、右手分别抓住绳子的两端，你能把它打一个节吗？注意：双手不能离开绳子，也不能将你的手捆在绳子里。在操作过程中提示学生盘手思考。

两个活动均适应于体验思维定势的惯性力量。

课程设计
KECHENGSHEJI

【课题】张开思维的翅膀

【适用年级】七年级

【主题背景】

创新能力是中学生的能力中最重要、最宝贵、层次最高的一种综合性能力，每个学生都有无穷的潜在能力。定势是心理活动的一种准备状态，是指过去的感知影响当前的感知。思维定势可以理解为过去的思维对当前思维的影响，它具有强大的惯性和不易把握性，包括书本定势、经验定势和权威定势。思维定势对学生思考问题显然有很多好处，它可以帮助学生解决99%甚至更多的问题，可在处理剩余的1%需要创新的问题时就无能为力了，甚至会起阻碍作用。突破思维定势作为一种创新思考方法，有助于打破旧框框的束缚，发挥学生的想象力和创新能力，从而打开新的思路。

【活动目标】

1. 认识思维习惯对自己学习的影响。

2. 学会摆脱不利的思维定势，提高学生的创新能力。

3. 培养善于突破自我界限和提高学习能力的意识。

【过程与方法】

 热身活动

同学们，今天上课我们先来做一道简单的加法数学题。

要求：在计算的过程中被提问的同学要一边算，一边大声说出答案，其他学生在座位上边看一边在心里默念答案，注意提醒学生不能出声，以免影响别的同学回答。（数字逐个呈现，每增加一个数字学生回答一次相加结果，直到数字呈现完毕，学生回答最终结果，$1000 + 40 + 1000 + 30 + 1000 + 20 + 1000 + 10$）

让同学回答：1040，2040，2070，3070……到最后的结果，许多同学都会说"5000"，但最终正确答案是"4100"。

教师小结：其实，这关系到思维定势的一个小知识。思维定势问题就是习惯于用以往常用的思维方式来看待和解决问题。比如说，一般我们认为书是用来"看的"这就是思维定用。拿起书你就只想到它是用来看的，而没有想过它也可几本叠起来当枕头或做其他用途。当然，这种心理定势的影响并不像我们举的例子一样都是不好的。它也有积极的一面。例如，同学们做同一类型的事情或题目时，你做得熟悉了，下次碰到时你马上就会做了。又如，我们骑车的速度很快时，突然前面出现一只小狗，我们马上就会刹车。但长久保持这种思维定势的话，就很容易使思维僵化，阻碍和扼杀了我们自身潜在的才能。这节课我们就来打破常规，进行创新思维的训练。

要进行创新思维，首先要跳出旧有思维的框框。有什么方法或技巧打破这种思维方式吗？为了加深同学们对思维定势的影响的认识，下面我们通过第一个环节——"游戏坊"来学习。

 尝试篇——游戏坊

在你面前有一根绳子，请你用左右手分别抓住绳子的两端，你能把它打一个节吗？注意：双手不能离开绳子，也不能将你的手捆在绳子里。操作过程中提示学生盘手思考（尽量让学生多尝试、多动手、多动脑）。

游戏解析：游戏之所以要同学们盘手思考，是希望你们借此能启发思路。先盘着手右手抓住绳子的左端，左手从右手臂穿过去，从下面抓住绳子的右端，然后手朝两边一拉，绳子就打上了一个节。（边讲边演示）。

同学们，通过这个小游戏大家是否感觉到思维定势对我们学习的影响？让我们"放开思维的翅膀"来实践一下吧，看看谁能跨越习惯的阻碍进行思维的创新。

你会倒水吗？

有三只透明无刻度的玻璃杯。8升的玻璃杯装满清水，其他两只玻璃杯是空的，问：能否在这三只杯之间倒水使得8升的玻璃杯只剩下1升水？要求不能将水倒向三杯之外的地方，也不能有其他工具量度出来。看看谁能做到。

实验的解决方法是：① 先将大杯的水分别倒满中杯和小杯；② 小杯的水倒入大杯；③ 中杯倒满小杯；④ 小杯的水再到入大杯；⑤ 中杯余下的水到入小杯；⑥ 将大杯的水倒满中杯，6－5＝1（升）。现在大杯里剩下1升水了。

教师提问并小结：通过刚才的实验，有哪位同学能总结一下怎样才能跨越习惯的陷阱？

三　应用篇——联结生活

现在我们回想起来，以上的游戏也好，实验也好，不是我们做不到，而是我们一时还没有想到，因为我们的思维方式有很多墨守成规的地方，容易掉进"习惯的陷阱"。就像前面的打结一样，我们在打结时手从来都是放在前面来工作的，所以我们的思路也总是在这里兜来兜去，很难跳出这个思维的定势。一旦我们跨越"习惯的陷阱"，这样就能提高创新能力。也许下一个发明家就是你们了，那么，打破思维的定势在我们日常生活中到底有何重大的意义呢？现在用例子来说明。

例1：司马光砸缸。

例2：人们在研制圆珠笔时，笔管是我们现在用的两倍，他们在实验的过程中就发现了一个致命的问题，笔墨刚好用了一半就不能用了。研究人员老是在笔尖上找问题，想来想去就是没办法，因为笔尖根本就没问题。如此情况是怎么样解决的呢？他们公司里有一个小职员给提了一个建议："将笔管减去一半不就行了吗？"问题就是这样解决了。这个问题现在看起来很容易，但当时对那些研究人员来说就是难题，因为他们根本就没有想到这一点上。

现在把时间交给同学们：回形针的用途，一般用来夹纸张，它还有哪些用途呢？同学们尽量列举出来，越多越好，越新奇越好！六人为一组进行竞赛。

好了，同学们通过以上的讨论与学习，知道了一些技巧，相信以后在我们的思考过程中对他们会有所注意。现在来个测试，立即运用一下如何？我们还是按原来的分组比赛，哪组先回答正确哪组得分。两分钟内可补答，答错不扣分。共有 7 题，每题 1 分，每题有 2 分钟思考，可以讨论。

课件出示题目：

（1）哪两个月是连着有 31 天？

（2）两个人来到河边，岸上只有一只小船，而且这只小船只能容纳一个人过河，但是两个人都乘这只小船过了河。你知道他们是如何过去的吗？

（3）桌子上放了只装满咖啡的杯子，小李解开手表时不小心把表掉进杯子里了，他的表是不防水的，还好，取出来时表上没进水。这是怎么回事？

（4）夜晚，房间里 4 个人在读书，突然停电了，其余 3 个人都到另一间有煤油灯的房间里去了，唯有小明仍然津津有味地读着书，怎么回事？

（5）盘里有 4 个橙子，平均分给 4 个小孩，分到最后盘里还放着一只。请问他们是怎么分的？

（6）电灯开关，按一次，灯亮；再按一次，灯灭。你能否做到连按两次而使灯不亮？

（7）一枚硬币已被任意抛掷了 9 次，每次落下都是正面朝上。现在请你再抛一次，假定不受任何外来因素影响，硬币正面朝上的可能性是几分之几？

参考答案：

（1）7 月和 8 月；12 月和 1 月。

（2）两人分别在河的两岸。

（3）咖啡还没有用水冲开。

（4）小明双目失明。

（5）还放着一只盘子。

（6）切断电源就行了。

（7）二分之一。

教师评价：

答对 4 题以上——你没有被习惯的思路所束缚，思维充满活力。

答对的少于 3 题的——你已经走入了思维上的窄胡同了，在思考问题时要注意多方面的思路。

实践反思
SHIJIANFANSI

　　学生的好奇心、自尊心和创造性有着密切联系。专制式和封闭性教学，最容易挫伤学生的自尊和自信，这是学生思维创造性的最大障碍。教师的工作是一项永无止境、充满智慧又极富有创造性的工作，是课堂心理环境和课堂氛围的直接创造者。教师要用民主平等的态度对待每一位学生，以自己的教学特色和魅力去感染学生，使学生敢有所想、敢有所说、敢有所为；通过组织各种活动发挥不同学生的特长，使全体学生自主参加、互助合作，并通过巧妙的安排启发、诱导他们从中发现新问题、提出新观点，敢于大胆敞开思路，不要先考虑实际不实际、可行不可行，使思路尽可能广泛发散。从而打开思维的闸门，为学生营造一个有利于创造的氛围。

　　课堂中师生共同讨论寻求解答游戏的正确方法并共同演示，能让学生在活动过程自动生成心理体验，加深对课堂教学目标的理解和感悟，有利于课堂教学目标的达成。

生活化瞭望
SHENGHUOHUALIAOWANG

初中生的自然科学思维

　　初中学生学习自然科学的思维是从低水平向高水平转化和发展的过程，具体有如下表现。

　　1. 学生学习自然科学的记忆从无意识和机械识记过渡为有意识和理解记忆。在整个学龄期间内，记忆的数量和质量随着年龄的增长而逐渐增加。最初，学生的无意识识记还表现得非常明显。在许多情况下，学生的识记没有确定的目的，也不求助于识记的技巧方法。他们对自己感兴趣的、新颖的、直观的材料识记得比较好，而对一些比较抽象的东西如物理公式、定理、法则、化学公式等识记得比较差。学生的机械识记也表现得很明显，习惯于材料的表面的形式的识记，而往往不了解各变量的意义和关系进行死记硬背。

　　2. 学生学习自然科学从习惯于具体的形象思维向运用一般形象思维和抽象思维转化。学生在小学时习惯于具体的形象思维。他们善于从具体事物中学习，不善于学习抽象的内容。因此，初中的自然科学教学要采用大量学生已具有的感性知识，以帮助学生思维由低水平向高水平转化。

3. 学生学习自然科学从单纯"用脑"逐步转化为"手脑并用"。学生在学自然科学之前,对观察、实验的学习方法比较陌生。学生容易把小学的"用脑"背习惯迁移到自然科学的学习中来。一开始不知道怎样去理解规律和概念的意义,抓不住问题的中心,只知道"用脑"背。而初中自然科学一开始就要求学生边观察边思考、边实验边分析,要求手脑并用。

4. 学生学习自然科学逐步学会将自然科学(主要是物理、化学)问题转化为数学问题。在初中自然科学教学中,虽然许多问题的计算可用小学的数学知识来解决,如面积和体积单位换算、百分比等,但计算题、推理题要求学会物理过程、化学过程的分析,对有关的公式的理解和对计算结果的意义的讨论,而学生往往只知道乱套公式、不解其意。因此,在教学中应逐步培养学生的将自然科学(主要是物理、化学)问题转化为数学问题的能力。

青岛第二十六中学　江　晶

第六单元 生涯规划

　　所谓生涯规划就是一个人根据社会发展的需要和个人发展的志向,对自身有限资源进行合理的配置,对自己未来的发展道路做出一种预先的策划和设计,即根据自己的实际,制定自己的长期、中期、短期目标。

　　目标是人生的导航灯。合理确定自己的近期、远期目标,更有利于中学生的人生之舟驶向成功的彼岸。在学生比较模糊的时候,他们更喜欢谈论自己的"梦想",而梦想是比较抽象的目标。

　　初中生的思维能力空前提高,他们产生了成人感,特别希望独立地解决问题,不轻易接受成人的观点。他们渴望社会、学校和家长能给予他们成人般的信任和尊重。此时,家长、教师如果还是采用他们以前习惯了的说教,会令他们反感。反之,适当引导他们确立奋斗目标,并不断激励他们向着自己的目标前进,他们比较乐于接受。但这个阶段学生的压力较大,所以要注重培养学生的信心,这是他们前进的强大内因,也是产生动力的根本保证。如果将正确的信念以合理的方式融入到生涯规划中,将会起到事半功倍的效果。

　　当学生刚刚踏入初中的大门,对人生规划比较模糊的时候,针对他们的心理特点和对新学期的期待,设计了"你好,新学期"这一课,感悟事先规划、制订计划的重要性,并尝试结合实际规划本学期的蓝图,并激发自己积极的潜能,从而有效地实现新学期的规划,初步尝试塑造成功的自我形象。

在七年级的下学期,学生对事物能做出自己的判断和见解,自觉性和自制性也得到了加强,是进行自我规划的好时机。"有规划的青春更精彩"一课可以帮助学生减少盲目行动,学习如何制订学期计划。

在"我的人生剧本""我做我的导航灯""行动与目标"和"写给未来的我"的课例中,更多地调动学生的积极信念,引导学生体验成功的喜悦,才能激发实现目标的行动力。

Hello，新学期！

课程素材
KECHENGSUCAI

【锦囊妙计】对比体验

1. 要求 8 分钟完成一幅绘画作品，2 个小组有 3 分钟的集体规划时间，后 5 分钟则要在安静、无任何交流的情况下完成绘画。2 个小组前 3 分钟无规划，后 5 分钟也画出同主题的画，规则与前 2 组一样。通过切身体验，感受做事情有规划和没有规划的区别。

2. 自我重塑：塑造成功的自我。在教师的引导下，积极描绘一个成功自我的形象，以及新"我"的言行举止等。

3. 学习马拉松冠军的智慧，将大目标分成一个个小目标一步步逐渐实现。

课程设计
KECHENGSHEJI

【课题】Hello，新学期！

【适用年级】七年级

【主题背景】

俗话说：良好的开端是成功的一半。新学期制订好学习计划后，就会使自己的每一个学习行为都和学习目标的实现联系起来，使学习行为具有明确的目标性。但对于一些学生来说，一开学并没有明确的学习目标，整个学期缺乏自主学习、自主做事的动力，从而影响自己的发展。因此，引导学生学会规划自己一学期的学习和生活，乃至规划自己的人生，显得十分必要。

【活动目标】

1. 通过绘画体验,感悟规划、计划的重要性。

2. 通过小组讨论、学习,结合实际生活规划本学期的蓝图。

3. 在老师引导下,学会塑造成功的自我,拥抱更好的未来。

【过程与方法】

 活动一:妙手绘春

1. 活动规则:

(1)给2个小组的同学布置"妙手绘春"的任务:在一张白纸上画出"你好,春天"为主题的画。要求3分钟内讨论画什么、如何画、谁执笔等细节。其余2组没要求,自由活动。

(2)后5分钟4个小组都要在安静、无任何交流的情况下完成"你好,春天!"绘画作品。

2. 作品展示,采访:有规划和缺乏规划对绘画有什么不同?你的感受是什么?这对你今后学习、做事有什么启示?

3. 过渡语:事先有规划,就会画出美好的春天;新学期有规划,学习生活也会更美好。那么,哪些方面需要规划?依据你以往的经验或是他人的成功经验,集思广益,探讨一下做学期规划要注意哪些问题。

 计划制订——你好,新学期!

1. 小组讨论:作为在校中学生,你认为哪些方面需要认真规划?组长汇报,把卡片贴在黑板上。

教师:根据学生的汇报概括出"身心健康""自主学习""与家人相处""校园友谊""放松休闲"等几个方面。

2. 制订计划小贴士:设定计划、目标的 SMART 原则。

Specific——具体的,比如想提高英语学习成绩就写出提高多少分。

Measurable——可以量化的,提高到什么程度。

Actionable——执行性强的,有方法可依、有资源可用。

Realistic——可实现的,目标不是高不可攀,跳一跳就能够着。

Time-limited——有时间期限的,注明实现的日期。

3. 规划参考——学校的学期计划。

反思:学校计划涵盖哪些方面?哪些方面与我们息息相关?时间限制在什么时候?如何将自己的规划和学校的计划一致起来?

4. 分析:自己在"身心健康""自主学习""与家人相处""校园友谊""放

松休闲"等方面的优势是什么？有哪些不足？在制订计划时可否补短扬长？

5. 制订自己的"私人"学期计划。要求每个人在静静地思考之后,结合实际情况认真制订自己的计划。

6. 分享交流:请每个小组派一名同学读读自己的计划,其他同学在读完之后发表自己的感受、建议。

7. 优化计划:借鉴别人的优点修改计划,让计划更具体、更有指导意义。

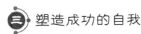 塑造成功的自我

教师引导语:刚才大家描绘出了新学期的蓝图,表达了大家追求发展和进步的决心。心动更需行动,怎么做才能将蓝图实现让这学期更美好？首先要塑造全新、成功的自我！

1. 写出自己本学期最急需实现的一个目标,如提高英语成绩和同学关系更融洽等。组长统计,选出一个全班最关注的一个目标。

2. 教师统一带领大家尝试针对某个目标,描绘"成功的我"的形象。

例如:提高英语成绩。

思考:如果你的英语成绩真的提高了,你会有什么状态？可以画出来吗？

（1）学生交流。

我的脸上挂着自信的微笑,我会越来越喜欢英语,每天会大声朗读英文小说,老师会经常表扬我,我会自如地和外国人用英语交流,等等。

（2）请画出你最希望实现的画面。

（3）温馨提示:反复自我积极暗示:我具备学习英语的能力,我很喜欢英语,我能学习好英语,我会结交更多的英语爱好者！注意每天清晨刚睡醒时和准备入睡时,都要拿出几分钟进行自我暗示哦！如果同时能想象出成功的画面,会更好！

 收获感悟

学生可针对课堂各个环节,说出自己的收获和感受、感悟。

 总结提升

良好的开端是成功的一半。相信每位同学会把自己描绘的蓝图牢记心中并付诸行动,以成功的心态拥抱新学期。格雷厄姆·沃拉思曾说:"你心灵里有伟大的力量,如果能发现和利用这些力量,你就会明白,你所有的梦想和憧憬都能变成现实！"相信每个人都能拥抱美好的新学期,拥抱灿烂的人生！

活动一开始，通过绘画对比体验，学生强烈地感悟到无论学习还是工作，事先做好规划，行动时就会有目标，避免了盲目性，减少了焦虑情绪，而踏踏实实地学习，效率才会有保证。在做好学期规划后，要帮助学生聚焦本学期的主要目标。当然目标的达成需要策略。本节课先从积极的自我暗示开始，引导学生通过塑造"成功的我"，激发自己积极的潜能，从而有效地实现新学期的规划，体会成功的快乐。

生活化瞭望
SHENGHUOHUALIAOWANG

马拉松冠军的智慧

1984年，在东京国际马拉松邀请赛中，名不见经传的日本选手山田本一出人意料地夺得了世界冠军。当记者问他凭什么取得如此惊人的成绩时，他说了这么一句话：凭智慧战胜对手。

当时许多人都认为，这个选手在故弄玄虚。马拉松是体力和耐力的运动，身体素质好又有耐性才有望夺冠，说用智慧取胜好像有点勉强。

两年后，意大利国际马拉松邀请赛在米兰举行。这一次，山田本一又获得了冠军。记者让他谈一谈经验，山田本一仍是那句让人摸不着头脑的话：用智慧战胜对手。

十年后，这个谜在他的自传中找到了答案。每次比赛之前，他都要乘车把比赛的线路仔细地看一遍，并把沿途比较醒目的标志画下来，比如第一个标志是银行，第二个标志是一棵大树，第三个标志是一座红房子……这样一直画到终点。比赛开始后，他就以最快的速度奋力地向第一个目标冲去；等到达第一个目标，他又以同样速度向第二个目标冲去。几千米的赛程，就被他分解成这么几个小目标轻松地跑完了。起初，他并不懂这样的道理，他把目标定在几千米外的终点线上，结果跑到十几千米时就疲惫不堪了，因为他被前面那段遥远的路程给吓倒了。

在现实生活中，我们不是因为失败而放弃，而是因为倦怠才失败。在人生的旅途中，假如我们具备一点山田本一的智慧，一生中也许会少一些懊悔和惋惜。

青岛三江学校　崔秀玲

有规划的青春更靓丽

课程素材
KECHENGSUCAI

【锦囊妙计】

游戏体验——盲行。请 15 个同学围成一个大圈当做护栏,再请 11 个同学戴上眼罩,1 人不带眼罩。"护栏"要保护好圈内的同学安全。音乐响起,12 个同学在圈内随意走动,随着音乐节奏的加快,要跑起来,越跑越快! 其余同学则观察圈内的同学。

【故事宝库】目标的威力——哈佛大学调查研究

课程设计
KECHENGSHEJI

【课题】青春与规划

【适用年级】七年级

【主题背景】初中生正处于青春期,他们的智力水平迅猛提高,自我意识、独立欲望增强,对事物能做出自己的判断和见解,前瞻性和自制性也得到了加强,是进行自我规划的好时机。有规划的青春是一道更靓丽的风景线。

【活动目标】

1. 通过盲行体验,感悟盲目行走带来的负面影响;

2. 通过阅读讨论,明确制订学期计划要注意的问题;

3. 结合自己的实际生活,制订出本学期的计划。

【过程与方法】

 暖身活动：黑暗中行走

活动要求：请 15 个同学围成一个大圈，请 11 个同学戴上眼罩，1 人不带眼罩。音乐响起，12 个同学在圈内走动，随着音乐节奏的加快，要跑起来，越跑越快！

1. 教师采访戴眼罩的同学：刚才在圈内跑的时候，你是什么感受？为什么？老师催促你的时候，你什么感受？（请 4 ～ 5 位学生回答）

2. 采访围成圆圈的同学：作为旁观者，刚才这一幕，给你什么样的感受？（请 4 ～ 5 位学生回答）

（如果学生说：盲人很可怜。教师：身体的残缺给生活带来很多不方便，如果内心缺乏一双明亮的眼睛看向前方，人生更是一片茫然。）

采访不戴眼罩的同学。（询问感受，启发思考：在这个小圈子里你游刃有余，有没有到更大圈子自在行走的想法？）

刚才这个活动给你什么启示？

总结：其实这个活动如同人生，如果我们没有明确的目标，不规划自己的未来，就如同在黑暗中盲目乱走一样，我们不知道去向何方，如同盲人一样令人担忧；心中目标不清晰，如一团乱麻，尽管有人在保护着我们，可是我们的内心还会有莫名的恐惧，和别人之间的冲突就会增加，既会伤害自己又会伤害到别人，我们有限的人生会被琐事与烦恼消耗殆尽！当然，当一个目标轻松实现时，人就会有动力去实现更大的目标，体验更精彩的人生！

 有规划的青春更靓丽

课件：如何让自己人生更精彩？——学会规划！

所谓人生规划就是一个人根据社会发展的需要和个人发展的目标，对自己的未来发展道路做出一种预先的策划和设计，包括个人学习规划、职业规划、情感规划、健康规划（身、心）、晚景规划等等，分长期规划和短期规划。确定目标是关键的一步。

1. 课件：目标的威力——哈佛大学调查研究。

美国哈佛大学有一个非常著名的关于目标对人生影响的跟踪调查，对象是一群智力、学历、环境等条件差不多的年轻人。通过调查结果发现：27% 的人没有目标；60% 的人目标模糊；10% 的人有清晰但比较短期的目标；3% 的人有清晰且长期的目标，并能把目标写下来，经常对照检查。

25 年的跟踪研究,他们的生活状况和分布现象十分有意思:

那些占 3% 的人,25 年来几乎不曾更改过自己的人生目标,朝着同一方向不懈地努力。25 年后,他们几乎都成了社会各界的顶尖。

占 10% 的人,大都生活在社会的中上层。他们的共同特点是,那些短期目标不断被达成,生活状态稳步上升,成为各行各业不可或缺的专业人士,如医生、律师、工程师、高级主管等等。

占 60% 的目标模糊的人,几乎都生活在社会的中下层面,他们能安稳地生活与工作,但都没有什么特别的成绩。

剩下 27% 的是那些 25 年来都没有目标的人群,他们几乎都生活在社会的最底层。他们的生活很不如意,常常失业,靠社会救济,并且常常都在抱怨他人、抱怨社会,甚至抱怨整个世界。

这个调查对你有什么启示?

请问,你确定自己的目标了吗?

2. 案例分析。

有四个泥瓦工,按定额每人每天要砌 500 块砖。第一个人,每天磨磨蹭蹭,时常耍些小聪明,常常砌不足 500 块;第二个人每天砌够 500 块砖后,就万事大吉了;第三个人每天砌够 500 块砖后,还在琢磨如何把砖砌得更好、更快、更省力;第四个人每天砌完 500 块砖后,不但琢磨如何把砖砌得更好、更快、更省力,同时还琢磨如何把房子盖好,使其更结实、更漂亮。3 年后,第一个人失业了,过着落魄的生活;10 年过后,第二个人仍在砌砖,第三个人成了一个优秀的管理者,第四个人成了公司老板。

（1）第一个泥瓦工失业的原因是什么?（他最终糊弄了谁?）

（2）你周围像第二个泥瓦工的同学多不多?你身上有没有他的影子?

（3）第三个泥瓦工身上有什么优点?（他有小的目标）

（4）第四个泥瓦工成功的原因是什么?（他没有忘记自己的大目标）从他身上我们可以借鉴哪些优点?

内心自我对话:我最像第几个泥瓦工?我愿意复制他的人生轨迹吗?今后想如何突破自我?

教师建议:在完成任务的同时,我们总结学习方法,以求学得更省力、更有效。节省下来时间做属于目标之内的其他事情,让自己离梦想更近!比如你想成美术家,可以节约出时间作画或者欣赏画作。

 我的人生我规划

1. 制定人生蓝图表格。

强调目标描述要具体,脑海中要呈现出成功时的画面。如果你的长期目标有些模糊,就赶紧确定最近的学习目标。如果不喜欢表格式的描述,可以直接用文字描述。下面情况看同伴的描述。

2. 同伴的规划描述。

一名七年级学生的人生规划

小学六年的系统学习让我懂得了知识就是力量,知识可以培养我们的品德、锻炼我们的能力,为我们长大后做一个合格的建设型人才打下了坚实的基础。

升入初中,我们的视野开阔了,我们的能力提高了,我们的理想、我们的学习有了更明确的目标。我的理想是作一名优秀的人民教师。为了实现这一理想,我给自己的人生做了一个规划:三年后的中考以优异的成绩升入重点高中;在重点高中刻苦学习,不偏科,争作同学中的学习楷模,要在六年后的高考发挥出高水平,考上我梦寐以求的师范大学,不辜负父母、老师、同学对我的期望。在大学期间我要勤工俭学,努力提高自己的修养和素质,为毕业后走上教育战线,为做我们老师那样优秀的园丁而不懈努力!

规划只是一个理想,这是个现实的理想,我会朝着这个目标一步一步踏踏实实地走下去。前进的路上可能会遇到很多挫折,但是只要想想美好的未来,再苦再累我都会微笑地挺过!

3. 教师小结:的确,规划只是迈向成功的第一步,接下来,还需要我们付出努力,唯有这样,美好的规划才能变成精彩的人生!学习是这世界上最简单的成功方式,勤奋是这世界上最廉价的成功方法。祝愿每一位同学能乘着勤奋、努力的双翼,在规划的蓝天里,搏击长空,拥抱精彩的人生!

温馨提示:目标达成三大方法:① 每周总结,修正目标;② 每天总结,改进措施;③ 循环往复,贵在坚持。

 作业

请同学们完成:人生"蓝图一览表"。

人生蓝图一览表

签名：＿＿＿＿＿　日期：＿＿＿＿年＿＿＿月＿＿＿日

人生目标：	
目标描述（具体详细）：	
远期目标及期限（大约几年实现）：	时间规划： （三年规划或者五年规划）
中期目标及期限：	时间规划
近期目标及期限：	时间的具体规划： 可以精确到天，甚至小时

实践反思
SHIJIANFANSI

　　在第一个环节中，学生通过切身感受或者场外观察，深刻体验到一个人没有目标是一件可怕的事情。接下来通过案例感受了目标的重要性。在此基础上，学生很乐于制定自己的目标，从而理性地规划自己的青春时光，有效达成课堂目标。

生活化瞭望
SHENGHUOHUALIAOWANG

　　观看美国前总统奥巴马在美国学校开学第一天的演讲视频。

青岛三江学校　崔秀玲

我的人生剧本

课程素材
KECHENGSUCAI

【校园剧场】好戏连台

请每个小组上台表演课前布置的心理剧《2058年》。要求:每个小组全员参与,表演出2058年的一个场景,每组展示3分钟。一组表演时,其他组员请做文明观众,保持安静,不评价他人的表演。活动规则:① 抽签:确定各个小组的表演顺序;② 每个小组全员参与,表演出2058年的一个场景,每组展示3分钟;③ 一个组表演时,其他组员请做文明观众,保持安静,不评价他人的表演;④ 自备音乐、道具等,旨在激发学生的创造力,共同描绘、表达未来的场景,为接下来的环节做铺垫。

【校园剧场】我是大导演

自己编写自己的人生剧本,具体描绘出五年、十年之后自己的样子和自己的工作、生活状态,以及需要解决的问题等。

课程设计
KECHENGSHEJI

【课题】我的人生剧本

【适用年级】九年级

【主题背景】九年级学生面临毕业,他们的心理和行为具有一定的复杂性和特殊性。他们渴望与众不同,有时却因迷茫而不知所措。此时,学生分化较明显,一部分同学的思想陷入"升学没希望就没前途"的误区,消极面对学习和生活。所以,以隐喻的方式,活泼有趣的形式激发学生的自信心,以积极主动的心态面对当前的生活显得尤为必要。

【活动目标】

1. 通过校园剧场瞭望未来，感悟剧本和导演在演出中的重要性。

2. 通过"我的光辉历史"活动，激发自信心，大胆设计新剧本。

3. 编写自己的人生剧本，确立目标并"导演"人生剧本，助梦想成真。

【过程与方法】

 场景一 校园剧场——《2058年》

1. 好戏连台——小组表演。

2. 小组讨论、分享。

（1）演出结束，无论作为演员还是观众，此时你的感受是什么？

（2）你觉得无论是精彩的表演还是失败的表演，决定因素有哪些？

根据学生的板书提炼出"剧本""编剧""导演""准备"等。

（3）这一切的掌控权在哪里？

教师过渡语：

每个人能积极畅想未来，而且能实际行动起来，这一点就很了不起。建议每个人为自己鼓掌。正如大家所说，一台戏在落幕时是收获到阵阵掌声还是留下遗憾，决定于剧本是否生动，导演是否进行了有力的掌控与指导，也决定于演员的表演是否精彩。

 场景二 我的光辉历史

1. 规则：

（1）每人在小组中分享自己记忆中最"牛"、最光辉的一件事。

（2）其他组员认真倾听，他人分享完后用规定格式表达自己最欣赏的地方：当听到你说……时，我觉得你……（积极的赞扬），我很欣赏这点。

2. 采访：分享完自己的"光辉历史"后有什么感受？当听到同伴的回应后又有什么感受？

3. 通过刚才这一幕，你受到什么启发？

4. 教师总结过渡：其实，每个人都有自己精彩的故事，每个人都有了不起的才能。想想你身上这些优势，再结合这几年的积累和成长，你对自己会有哪些更深刻的认识？你还有哪些追求和梦想？

5. 几位学生说说自己的目标。

 场景三 写出我的成功剧本

1. 积极想象。有一天，你实现了自己的理想，你变成了成功的自己，请积极、大胆地想象：

（1）未来成功的你会是什么样子的？（你的容貌、神态、动作、言行……）

（2）你在什么环境里工作，你周围的人是什么样子？

（3）你住在什么地方？家人有什么表情？会有哪些有趣的事情发生？

（4）你会给他人、社会带来哪些帮助？

2. 在音乐的陪伴下，静心地和自己在一起，静心地编写自己的人生剧本。

3. 小组分享自己的精彩故事。

4. 教师积极肯定学生的梦想，并祝愿他们梦想成真。

（四）场景四：我是大导演

1. 导演指导拍戏时，会把剧本分成几个单元逐一拍摄，你的剧本打算分几个阶段来导演？

2. 近期你打算如何指导主角（当然是自己了）"入戏"？

3. 近期演出哪部分剧本？五年以后呢？十年以后呢？……

4. 在"导戏"的过程中难免会出现问题，出现问题时应如何处理？

（五）场景五：此刻分享、提升

1. 学生可以交流场景四中的体会和感受，也可以分享本节课的收获。

2. 教师总结、提升。

人生如戏，自己的人生剧本怎么编写，又如何做一个出色的大导演管理好自己并演好自己的角色呢？这一切的主动权都握在我们自己的手中。心在远方，路在脚下，那就带着自己的人生剧本，踏踏实实演好成功的自己吧。不久的将来，你会发现自己已到达梦想的彼岸！

实践反思
SHIJIANFANSI

人生规划是中学生成长中的重要课题，如何以新颖、有趣的方式吸引他们面对这个严肃的问题，确实需要教师斟酌。本节课从第一个环节开始，就带领学生模拟编写未来的"剧本"。在这个环节中，完全把主动权交给学生：小组分工编写剧本、导演、布置场景、准备道具等，一切任务都是他们自己完成的，满足了学生"成人化"的心理需要。在整个过程中，让学生既体会到了创作的乐趣，又从中感悟到剧本编写、导演、演员对于一部戏的重要性，为人生剧本的描写奠定基础。在接下来的环节中，通过回顾"光辉的历史"，让学生感受到每个人都有自己精彩的故事，帮助学生树立描写"成功剧本"的自信心。所以在核心环节里，每个人能在引导下大胆编写自己的人生剧本，描绘出成功"自己"的具体表现。这个过程其实是在帮助学生把抽象的未来具体化、可视化，更有力地引导他们理解确立人生目标的重要意义。当然，目标确立是走向成功的第一步，接下来还需要每个人在现实生活中克服各种困难，踏踏实实、一步步地向着目标不断前进。

生活化瞭望
SHENGHUOHUALIAOWANG

1. 电影《风雨哈佛路》。
2. 文章链接：我的人生我做主。

我的人生我做主

生活，是一首歌，谱写着喜怒哀乐；心情，是一条河，流淌着起起落落。

快乐，其实很简单，拥有了就去珍惜，失去了不再回忆；幸福，其实很容易，看淡了一切都是美丽，看重了一切都是痴迷。想要的多了，是负累；奢望的少了，会满意。微笑的眼睛，才能看见美丽的风景；简单的心境，才能拥有快乐的心情！无论何时何地，记住你的心就是你的世界，不要让任何人影响了你的情绪。

你不快乐，没有人替你快乐；你不努力，没有人替你努力。你哭，全世界都在下雨；你笑，全世界都是晴天。

不要奢望任何人，能完全感同身受你的一切得失成败、一切苦累病痛。只有你知道自己最想要什么、最想爱什么，好好爱自己、疼自己。

每个人都需要一个空间做自我，也许欢笑，也许哭泣，都是真实的美丽；每个人都需要一段时间来独处，也许遐想，也许空白，都是自由的呼吸。

放空大脑，静听鸟语，许一刻时光让生命休憩；放下过往，溶入文字，许一片净土让心灵安逸。歇一歇疲惫的身体，停一停奔波的脚步，缓一缓紧张的生活，就爱自己这一回。

一个人的世界，也要含泪大声歌唱，因为有骨气、有尊严、有担当；一个人的天空，也要挣扎着努力飞翔，因为有信念、有明天、有梦想。泪水洗过的视线会更坚定，苦痛历练的生命会更顽强。

一个生命就是一个世界，也有风雨，也有晴；一颗心就是一片海洋，有潮起，也有潮落。晴天，有微笑；雨天，不忧郁。巅峰时，不自傲不清高；低谷时，不气馁不浮躁。没有翻不过去的山，没有趟不过去的河，只有不想走路的脚；没有永远的胜者，没有永远的败者，只有不求上进的心。

人生的方向，掌握在自己手里。

青岛三江学校　崔秀玲

我做我的导航灯

课程素材
KECHENGSUCAI

【锦囊妙计】看我走过来

全班学生抽签,抽到的数字就是出场顺序。请每一位学生从教室后面走到讲台前;在"走过来"时可以运用各种道具,但不允许重复前面同学的走路方式;借助活动体验引导学生感悟到只要有了明确的目标,每个人就会激发自己的想象力和创造力,努力达成目标。

课程设计
KECHENGSHEJI

【课题】我做我的导航灯

【适用年级】八年级

【主题背景】美国著名哲学家爱默生说:"一心向着自己目标前进的人,整个世界都给他让路。"目标是人生的导航灯,合理确定自己的近期目标和远期目标,有利于中学生的人生之舟驶向成功的彼岸。但是,如何确立自己的目标,如何认真规划自己的人生,如何缓解在为目标奋斗时出现的紧张与焦虑情绪?突破这些问题,对于初中生的成长显得尤为重要!

【活动目标】

1. 认识到目标是成功的动力和导向。

2. 能够依据自己的特点,制定自己的中期和短期目标。

3. 感受挑战性适中的目标给自己带来的适度压力感与适度焦虑。

【过程与方法】

 活动一:看我走过来

1. 活动规则。

(1)全班学生抽签,抽到的数字就是出场顺序。

(2)请每一位学生从教室后面到达讲台前;在"走过来"时,可以运用各种道具,但不允许重复前面同学的走路方式。

(3)一个人走时,其他人做评委,监督是否合乎规则。

2. 采访:

(1)走过来时有什么感受?

(2)这个活动带给你哪些感悟?

3. 过渡语:教室后面就是一个人的起点,讲台就是他的目标。当确定目标后,每个人会发挥自己才智,想方设法去达成这个目标。正如美国著名哲学家爱默生说,"一心向着自己目标前进的人,整个世界都给他让路"。可见,确定目标是何等重要!

 活动二:了解目标

1. 我们首先拥有一个梦想,将这个梦想具体化使之成为一个远期目标,然后将远期目标分解成长期目标,将长期目标分解为中期目标,将中期目标分解为短期目标,再到半年、季度、月、周,最后分解到现在每天具体要做些什么事情。然后,当我们通过每天持之以恒的行动去实现一个个小目标的时候,我们的短期目标就会实现,接下来是中期目标、长期目标、远期目标。

2. 心灵物语。

在青春岁月里,我们所有走过的路,所有经历过的一切,都是为了让我们成为最好的自己。有很多的梦想等待实现,有很多的目标等待完成,目标是成功的动力和导向。有梦是美好的,圆梦是幸福的,而梦想照进现实,仍然需要我们对目标有一个更为清晰的认识,因此要学会制定自己的中期目标和短期目标。

3. 目标设定九宫格。

对于"中期目标"你都想到了哪些? 用"关键词+完成日期"表示出来吧!

(1)快乐点击:九宫格的特点和优点。

"九宫格"是我国书法史上临帖写仿的一种界格,又叫作"九方格";另外,也指一种手机键盘布局,是相对于全键盘而言。"九宫格"也是一种很受人们喜爱的游戏。

（2）我的九宫格。

在①～⑧八个空格里填上最近 18 个月要完成的目标，用"关键字＋完成日期"的方式填在空格中，填满 8 个格。

⑥	⑦	⑧
⑤	中期目标（18 个月）	① 例如： 考上理想的高中 ××××年×月
④	③ 举办一场莎士比亚经典剧本演出秀 ××××年×月	② 和妈妈有一个好的沟通 ××××年×月

同学 A：考上理想的高中——我想在这一年半里把各门功课学好，我特别想考到××高中。

同学 B：和妈妈有一个好的沟通——我想努力体会妈妈唠叨背后深深的爱。

同学 C：和我的好朋友举办一场莎士比亚经典剧本演出秀——我们特别喜欢表演，也想在这个过程中去体验不同的人生。

同学 D：我……

（3）在①～⑧八个空格里填上最近 3～6 个月要完成的目标，用"关键字＋完成日期"的方式填在空格中，尽量填满 8 个格。

⑥	⑦	⑧
⑤	短期目标（3～6 个月）	①
④	③	②

同学 A：学会熟练使用电脑打字——下月初参加打字比赛，我想取得一个好的成绩。

同学 B：阅读名著——我想每个星期阅读一本世界名著，并写下读书笔记。

同学 C：学会游泳——我特别想在大海中游泳，不想别人叫我"旱鸭子"。

同学 D：我……

 活动三：聚焦目标

1. 长期目标。

长期目标的实现是基于一个个中期目标的实现,中期目标的实现又是许许多多的短期目标实现的结果。许多理想的实现是需要我们将它一点一点细化,从现在做起,从小事做起,积少成多,逐渐实现的。目标的实现关键在于持之以恒的毅力和坚持。

2. 聚焦目标。

接下来,让我们用目标引领自己的行为,感受挑战性适中的目标给自己带来的动力和挑战。

(1)请同学们在下面的空白处写出近期内要完成的五件重要事情,可以是学习成绩提高、交到一个新朋友、到近郊旅游、学一门技术、读一本书或参加某一方面的活动等。

(2)假如现在你有特殊的情况发生,必须在这五件事中划掉两项,你会划掉哪两项?为什么呢?有何体会?

(3)假如现在发生了特殊情况,你必须再划掉一项,你会划掉哪一项呢?你的心情如何呢?如果现在要求再划掉一项,你又会做出怎样的选择?

(4)现在只剩下一个目标了,这就是你近期最想做的事情。这个目标对你来说是最重要的一件大事,就是你当前的奋斗目标。

3. 交流分享。

(1)我是不是想要实现这个目标?我是不是一定要实现这个目标?

(2)我有没有实现目标的条件呢?我如何发挥这些条件呢?

(3)实现目标的困难障碍都有什么?它们难以克服吗?我要不要克服?我一定要克服吗?

 活动四:制定目标

1. 压力 VS 动力。

一个渴望成功的人,永远努力去采摘那些需要奋力跳起来才能够得着的"苹果"——心中的目标。

跳起来摘苹果,是为自己设置一个又一个更高的目标,是始终保持坚定的意志、良好的状态,执着地向更高目标攀登。为自己设置更高的目标,并不意味着盲目的不切实际的好高骛远,恰恰相反,要脚踏实地、持之以恒,在这个过程中感受挑战性适中的目标给自己带来的适度压力感与适度焦虑。

2. 自我探索。

每个人设置目标前,首先要了解自己目前的状况,请填写自我探索卡。

3. 制定学习目标。

在完成自我探索卡后,为自己制定一个自己的学习目标,这个目标是基于你现在的学习水平之上的,在你伸手可得、跳而可获的范围之内。

4. 结合你心中的目标,然后写出你下一步的行动。

5. 请你静静地回顾自己的人生,思考自己的未来,将自己《心中的目标》及人生格言写在贴有彩带的那张纸上。(要求:认真思考,想想自己究竟有些什么愿望,不管暂时有无实现的可能,写下来。郑重写上自己的姓名、班级、学号与日期,作为送给自己的珍贵礼物)。我们约定 30 年后再启封,看看自己的愿望实现了多少。

 总结提升

今天,我们学习了为我们自己量身定做的个人目标系统,课后根据今天所学的内容可以尝试清晰自己的长期目标,这对你的一生都将是一个重要的决定。那就让我们坚持做自己,做自己人生的导航灯。

 实践反思
SHIJIANFANSI

本节课在体验活动中,学生踊跃参与气氛热烈,既激发了学生的创造力,又引导他们切身体会到只要有了目标,每个人就会发挥自己的才智努力去实现,目标是成功的动力和导向。在接下来的环节中,随着对目标的进一步了解,引导学生静下心来,探索自己、了解自己,并尝试依据自己的特点,制定了属于自己的中期目标和短期目标,体现了学生能做自己的人生导航灯的精神,这对于学生一生来说,都会产生积极的影响。

生活化瞭望
SHENGHUOHUALIAOWANG

目标与压力

夏朝时,后羿是著名的神箭手。他练就了一手百步穿杨的好箭法,而且立射、跪射、骑射样样精通,几乎从来没有失过手。

夏王听说了这位神箭手的本领,十分欣赏他。有一天,夏王把后羿召入宫中,准备领略他那炉火纯青的射技。他用手指着说:"这个箭靶就是你的目标。如果射中了,我就赏赐你黄金万镒;如果射不中,就要削减你一千户的封地。"

后羿听了夏王的话,面色变得凝重起来。一向镇定的后羿呼吸变得急促起来,拉弓的手也微微发抖。最后,他终于松开了弦,箭应声而出,刷的一声,

钉在离靶心有几寸远的地方。

后羿平日射箭，在一颗平常心之下，水平自然可以正常发挥。可是在夏王的赏罚之下，射出的箭直接关系到他的切身利益，叫他怎么能静下心来充分施展技艺呢？不善于保持平常心，必难保证水准。这也就证实了美国管理学家卢因的一句话：过度地追求目标，可能有损于行动和效率。

青岛市市南区教育研究中心　松　梅

行动和目标

课程素材
KECHENGSUCAI

【锦囊妙计】抓手指游戏

全班学生分成四个小组,每个小组围成一个大圈坐着。每个人双臂弯曲在身体两侧,其中左手伸开,掌心向下,右手握拳,食指伸直,食指指在身体右边的同学的左手掌心,依次连在一起,围成一个圈。主持人读一段话,当说到指定的词语"目标"时,每个人的左手去抓左边人的食指;同时,自己的食指要避免被右面的人抓到。进行两轮活动。旨在活跃课堂气氛,训练学生学会专注,同时明白对活动的要求明确之后成功的几率会提高。

课程设计
KECHENGSHEJI

【课题】行动与目标

【适用年级】八年级

【主题背景】八年级是学生成长发展的转折点,也是教育的关键期。在学习上,八年级是一个分水岭。一部分同学在八年级进步很快,由成绩中等上升为优秀,但也有一部分学生存在畏难情绪,将心思用在学习之外,成绩迅速下降,对学习失去兴趣,自暴自弃,从此一蹶不振。这样的学生到了九年级往往很难有所突破,升学的失利难以避免,还会出现"青春期恋情"、"网瘾"等问题。这些学生多数不是因为自己的智力不够高,而是受非智力因素的制约,其中缺乏人生目标是最主要的问题。所以此时如何帮助学生进一步强化人生目标,甚至确认当前的短期目标,并且朝着自己的目标行动起来是一项重要的教育任务。如何激发学生内在的动力,鼓励他们不断朝着自己的目标前进是本节课需要首先解决的问题。

【活动目标】

1. 通过"剥洋葱",分解细化自己的大目标,激发实现小目标的信心。

2. 自我探索,小组合作,列举实现目标的好处,激发自觉行动力。

3. 运用积极暗示,将自己的决心、信心融入潜意识,助推行动力。

【过程与方法】

 暖身活动——抓手指游戏

活动准备:全班同学分成四个小组,每个小组围成一个大圈坐着。

游戏规则:认真倾听,保持安静。

游戏过程:每个人双臂弯曲在身体两侧,其中左手伸开,掌心向下,右手握拳,食指伸直,食指指在身体右边的同学的左手掌心,依次连在一起,围成一个圈,主持人读一段话,当说到指定的词语"目标"时,每个人的左手迅速去抓左边人的食指;同时,自己的食指要快速逃脱,避免被右面的人抓到。活动进行两轮,第二轮听到"行动"时抓人并逃跑。

分享:

1. 此时什么感受?

2. 通过这个游戏你有什么感悟?

过渡语:的确,一心难以两用。当一个人脑子同时想着同一件事情的时候,往往很难兼顾好这两件事;但是如果一样的事情多做几遍,效果就会不断提高。正如当我们朝着目标行动的时候,专注于一件事情更容易走向成功。当目标确立后,如何让自己朝着目标不断前进呢?

 剥洋葱——目标分解

1. 每个人想着自己的最终目标的时候,往往觉得很遥远,令人不知所措。因此,要像剥洋葱一样,将大目标分解成若干个小目标,再将每个小目标分解成若干更小的目标,一直分解下去,直到知道现在该去干些什么!请每个人在学案纸上分解自己的目标。

2. 示意图:终极目标(人生的真谛)—总体目标(人生核心轴)—长期目标(5～10年)—中期目标(2～3年)—短期目标(0.5～1年)—近期目标(月、周、日、即时等)。

3. 看看短期目标和我们当下有多少联系?当下的一举一动都影响着我们的目标。

4. 将自己的小目标公布于众,在小组中每个人向其他组员宣布,其他组员请认真倾听,听完之后积极回应。

 实现目标期望强度自我测评

1. 小目标列举出来了,你真的想实现它吗?首先请自己测评一下!

2. 统计小调查,一般在五级、六级质检表较正常;如果不高于四级,单独沟通。

3. 鼓励同学朝着第六级努力。

附:实现目标期望强度自我测评表

强度等级	0%	20%～30%	50%	70%～80%
定义	一级:不想要	二级:瞎想	三级:想要	四级:很想要
表现特征	一种情况是真的不想要;另一种情况是找借口。其实真正原因是不敢想或不知为何要,害怕失败、害怕付出、怕做不到让人耻笑	空想;白日梦;随便说着玩玩;只说不练;不愿付出;不知从何开始;自己都不敢相信会变成现实	有最好,没也罢;三分钟热度;努力争取一阵子;一有困难就退缩;幻想不怎么付出代价,就可以得到	确实是他真正的目标,但似乎决心不够,尤其是改变自己的决心不够;等待机遇,靠运气成功;假使做不到,转而自我安慰;曾经努力过,也算对得起自己
结果	当然得不到	很快就会忘记自己曾经还这样想过	十有八九不成功	有可能成功。因运气成功,也因此失败

强度等级	99%	100%
定义	五级:非常想	六级:一定要
表现特征	潜意识中那一丝放弃的念头,决定他关键时刻不能排除万难,坚持到底,直到成功;对其而言,也许付出100%努力比达不成该目标更痛苦。	不惜一切代价;不达目的不罢休;不成功,变成仁;没有任何退路;达不成,后果更加严重;达不成比会很难受
结果	99%与100%差别不是1%,而是100%。第99步放弃与第1步放弃就结果而言没什么差别	没什么比达不成更难受的,因此我一定有办法得到

 动力加油站

当知道自己的近期目标后,接下来就是朝着自己的目标行动。现在请每个人为自己的行动加油,说出朝着目标行动起来的好处,每个目标至少列出十条来!

1. 阅读案例——小王的长期目标是成为一名像李肇星一样的杰出外交

官;中期目标是考上北京外国语学校;近期目标是好好学习各科知识,一年后考上理想的高中,现在的第一个小目标是提高英语学科的学习成绩。现在开始努力学习英语的好处是:① 每次英语抽测的成绩就会提高;② 会受到英语老师的赞赏;③把精力用在背单词上就不会多想父母吵架的事……

(1)自己列出自己第一个小目标,并写出朝着目标行动起来的十个好处,如果能以漫画的形式画出来更好!

(2)在小组交流,如果也有和自己目标一样的,就把他写的好处叠加进自己的好处里。其他组员积极回应,至少再给别人列出一条好处并画出来。

(3)再次宣读朝着第一个小目标立刻行动起来的所有好处。

(4)在前进的路上难免受到干扰,如何排除干扰因素?

采访:通过这环节有什么收获?你愿意立刻行动起来吗?

2. 运用潜意识的力量——自我确认。

潜意识的力量是意识力量的 3 万倍。每个人把这个信念贴在自己课桌、卧室最醒目的位置,时时提醒自己,让这些信念进入自己的潜意识并发挥强大的威力!

A. 我是一个非常有行动力的人;

B. 行动带来财富,行动使我快乐;

C. 大量的行动给我兴奋;

D. 成功在于行动;

E. 我每天采取大量的行动;

F. 我相信行动至上主义;

G. 凡事我马上行动;

H. 我热爱行动;

I. 就是现在,立刻行动;行动,行动,再行动,我喜欢行动!

 感悟分享,总结提升

1. 感悟分享。

每个人说说在本节课上的收获,或者说说自己从此刻起有哪些行动。

2. 总结提升。

同学们,有人说世上没有翻不过的山,没有趟不过的河,没有走不完的路,许许多多的令人难以想象的障碍也会被你轻松突破,当然前提就是必须马上行动起来。祝愿每个人立刻行动起来,拥抱成功的喜悦!

作业

1. 将自己近期的其他小目标列举出来，以漫画的形式表达出实现它的十个好处，或者以文字的形式列举出来。

2. 每天至少读三遍《自我确认》。

实践反思

SHIJIANFANSI

确定目标是走向成功关键的一步，但是如果缺乏有效的行动，目标只是空想。俗话说："说一尺不如行一寸。"只有行动才能缩短自己与目标之间的距离，只有行动才能把理想变成现实。本节课是在学生确定自己目标的前提下进行的。首先引导学生学会分解自己的大目标。目标分解细化的过程，其实就是降低学生对目标的恐惧，让小目标在自己的就近发展区域内，便于学生实现的过程。在接下来的环节中，让学生自测实现目标期望强度，其实也是暗示学生，只有自己确实想实现目标的时候才可能积极付诸行动。而在动力加油站中，让学生列举实现目标的好处，并以漫画的形式表达出来，就是引导学生提前感受实现目标的喜悦，从而助推他们立刻行动起来，不断塑造自己成功的形象。

生活化瞭望

SHENGHUOHUALIAOWANG

行动就是力量

演讲大师齐格勒曾经提醒我们说，世界上牵引力最大的火车头停留在铁轨上，为了防滑，只需要在它8个驱动轮前塞一块一英寸大小的木块，这个庞然大物就无法动弹。然而，当这个巨型火车头开始启动运行时，小小的木块就再也挡不住它了；当它的时速达到100英里时，哪怕是一堵5英尺厚的钢筋混凝土墙也能轻而易举地被它撞穿。从一块小木块令它无法动弹，到能撞穿一堵钢筋水泥墙，火车头的威力变得如此巨大，原因不是别的，只因为它已经开动起来了。

其实，人的威力也会变得巨大无比，关键在于是否把这种潜在的力量转化为现实。没有翻不过的山，没有趟不过的河，没有走不完的路，许许多多的令人难以想象的障碍也会被你轻松突破，当然前提就是你必须马上行动起来。

世上的一些事情,在不了解它们时,我们通常会选择逃避。它们就像"黔之驴",初次看到时我们很可能会被它的声势吓倒,然后放弃尝试,止步不前。但是,如果你真的能尝试一下,你可能会发现:嘿,不过如此。这就是行动的力量。

青岛三江学校 崔秀玲

写给未来的我

课程素材
KECHENGSUCAI

【锦囊妙计】冥想活动

请大家选择一个舒服的坐姿,调整自己的呼吸:请慢慢地吸气,再慢慢地呼气,体会气息在鼻翼轻轻摩擦的感受。此时,你越来越轻松,越来越舒服。你仿佛回到刚来初中时的那一刻,你是什么样子的?是用什么样的眼光看着学校的一切?学校是个什么样子?你见到的第一位新同学是谁?第一节课是什么课?在新环境里你慢慢适应了快节奏的生活,开始了和新同学的交往。接着,你和同学一起爬一座小山,山路很好走,你们的心情也很愉悦。你们来到山顶,请向前看去,你看到了什么?再仔细地看一看,眼前的景色是什么?请仔细体会此时的感受。好,请大家睁开眼慢慢回到课堂。

课程设计
KECHENGSHEJI

【课题】写给未来的我

【适用年级】七年级

【主题背景】七年级的学生,因生理、环境的变化,在他们的内心产生了很大的动荡。刚入初中的时候,他们的内心充满茫然,经过一学期的学习成长,一部分学生渐渐平静下来,并明确自己的目标,而仍有部分学生,依然对自己的认识缺乏规划。此时单纯的教导会引发其逆反心理,让合理的信念通过他们接收的形式进入他的潜意识则会起到事半功倍的效果。

【活动目标】

1. 描述现在的我、两年后的我和五年后的我。

2. 具备初步的目标意识和规划能力。

3. 明确实现目标所需要的条件。

【过程与方法】

 活动导入：积极冥想

1. 指导语（见"课程素材"）。

2. 采访：整个过程有什么感受？在山头上，你看到了什么？

教师针对学生冥想时呈现的画面，读出积极的意象。

 画出我的目标树

刚才通过自由联想，我们将自己来初中的情景梳理了一下：有的人感觉很美好；有的人觉得有些苦涩，没关系，那是你的过去。每一天，我们都是站在昨天和未来的交汇处，你想拥有什么样的未来？是否知道自己想要什么成果？为实现自己的目标要付出哪些努力？请仔细想一想，现在就开始大胆描绘自己美好的未来吧。

1. 请大家在下面的目标树上画出自己的希望果实，这个"果实"是你此时此刻想到的任何你想实现的目标；在树的根部，请画出要付出的努力及需要的资源、能量等，也可以用文字直接表示。

2. 将你的目标树、希望果与同组伙伴交流。

3. 要想果实多而大，需要哪些条件？

4. 做完这个画目标树的小游戏，你有什么感受和想法？

 畅游心世界

生活中，我们似乎在一日一日地重复昨天的时光，是什么决定我们成为今天的自己？是什么让我们成为明天的自我？今天的每一个决定都会影响着未来的日子。所以，从今天起，我们就要开始为未来美好的我做每一个决定，做每一件接近那个梦想的事情。

1. 现在的我。

（1）试想：此刻你面对镜子里的你，你有哪些感受？和你身边的小伙伴交流一下吧。

小贴士：可从以下的关键词中找到与自己此时的感觉相符合的展开表达——

外貌、性格、兴趣、特长、优势智能、人际关系、情绪智能、与环境的关系、成熟、收获、自主等。

也可参考下面几位同学的表达。

同学A:成熟——初中已经过去一个学期,我越来越喜欢初中的我了,我认识了很多新朋友,参加了我喜欢的社团,我自信了……

同学B:收获——这里虽然没有我的小学同学,老师也是陌生的,但是我发现当我微笑着面对他们的时候,他们也是那么友好,我已经交到了好几个知心的好朋友。

同学C:自主——我在逐渐学习为自己的选择、自己的决定负责任了,感觉自己长大了,有了更多自己的想法,希望自己有目标意识和规划能力。

(2)学生分享。

2. 看未来的自己——冥想活动。

(1)进入时光隧道,看看未来的自己。引导语:(先进行呼吸放松,请闭上眼睛)我们一起坐在时光机器里,来到两年后的世界,也就是20××年的今天。那时你已经上九年级了,容貌有变化吗?尽量想象两年后的情形,越仔细越好……好,现在你正躺在家里卧室的床上。这时候是清晨,和往常一样,首先看到的是卧室的天花板。看到了吗?它是什么颜色?……

(想象两年后的那一天发生的情形)

接着时光又过去了三年,五年后的世界,也就是20××年的今天,那时你已经上高三了,容貌有变化吗?尽量想象五年后的情形,越仔细越好……好,现在你正躺在家里卧室的床上。这时候是清晨,和往常一样,首先看到的是卧室的天花板。看到了吗?它是什么颜色?……

(想象五年后的那一天发生的情形)

(2)分享。

整个过程中发生了什么?

在看两年后的、五年后的自己的过程中你有什么感受?

你认为实现未来的你自己所需要的准备是什么?

 写给未来的我

1. 带着关心和爱,带着感激和期望,按照格式,给未来的自己写几句话吧。

亲爱的_____:

在今天,我尝试用今天的自己来看两年后的你,也看到了五年后的你,我

感谢你一直以来对自己陪伴,现在我想真诚地对你说:＿＿＿＿＿＿＿(你也平静地,悄悄地,欣喜地,激动地、温柔地……)＿＿＿＿＿＿＿＿＿＿＿＿＿

＿＿＿＿＿＿＿＿＿＿＿＿＿＿＿＿＿＿＿＿＿＿＿＿＿＿＿＿＿＿＿＿＿＿

＿＿＿＿＿＿＿＿＿＿＿＿＿＿＿＿＿＿＿＿＿＿＿＿＿＿＿＿＿＿＿＿＿＿

最爱你的 ×××

年　月　日

2. 当我们遥望"未来的我"时,静下心来想一下,为了实现这些目标需要有哪些条件? 你还可以为此做些什么? 请把它们写在卡片中。

五 分享感悟

学生可针对课堂各个环节,说出自己的收获、感受和感悟。

六 总结提升

未来的我是什么样子? 这一切的掌控权恰恰握在我们每个人自己的手中。当每个人敢于设计自己精彩的剧本,敢于挑战困难演好自己的角色,就是在追逐人生美好的梦想。相信大家能珍惜已有的资源,善于发现并利用周围的力量,早日拥抱更美好的自己!

七 温馨提示

目标达成三大方法:A. 每周总结,修正目标;B. 每天总结,改进措施;C. 循环往复,贵在坚持。

实践反思
SHIJIANFANSI

弗洛伊德认为,人的心理分为意识系统和无意识系统。人的心理世界好像是一座漂浮在海上的冰山,而浮出水面的那一小部分,便是我们通常视为寄托的理性王国,即意识系统;而沉在水中的更大部分则全是些我们用逻辑无法推论的内容,它就是无意识王国。潜意识的活动形式是直觉、情感、确信、鼓励、暗示、想象、整体系统、记忆力和创造力等。潜意识不受时空限制,它包含了先天本能、个体过去的感受和智慧、现在的意识和知识以及对将来的思考和洞察,并有着巨大的传送能力和接收能力。 由此可知,潜意识具有独特的功能和巨大的内在力量。

在学校学习活动中,我们应认识、应用和挖掘两种意识的巨大潜能,所以本节课中通过多次积极冥想,在引导学生做放松练习时,松弛、半睡眠或睡眠状态对潜意识的监管稍微放松,有助于打开意识和潜意识之间的控制闸门,使信息通向潜意识,有利于发挥潜意识的积极作用。同时,教师慢慢向学生输入积极的暗示,引导学生渐渐与潜意识沟通,在潜意识中种植积极的种子。所以,本节课无论是在"画出我的目标树"还是在"畅游心世界""写给未来的我"环节中,都是在积极引导、鼓励学生大胆展望自己美好的未来,确定自己想达到的成功目标。学生静心画果子、冥想、写信的过程也是在向潜意识输入积极暗示的过程。这样,才能推动学生潜意识的能量在意识层面呈现出来,从而帮助学生逐渐确立明确的奋斗目标,不断地发展。

生活化瞭望
SHENGHUOHUALIAOWANG

1. 理想与目标。

中学生时期是人生自我设计的黄金期,及早设计人生才能实现理想目标。人生目标设计得越早,成功的可能性越大。在心理学上,幻想是指与生活愿望相结合并指向未来的想象。目标的树立是行动的开始。人的每一次行动和活动,都是以目标的建立为前提的。

理想与目标设计应考虑的因素。包括:考虑满足社会的需要,自身的性格特征、身体健康状况、爱好兴趣、长处与不足、学习状况,父母、老师的建议等。

有了理想目标,还需要脚踏实地一步一步地去做。要先分析自己的现状,分析自己现在处于什么位置,到底具备什么样的能力,这需要一种科学精神。你给自己定了目标,你还要知道怎么样去一步一步去地实现这个目标。从某种意义上说,树立具体目标和脚踏实地地去做同等重要。

2. 目标激励理论。

美国心理学家威廉·詹姆士认为,一个没有受过激励的人,只能发挥其能力的20%～30%;而当他受到激励时,其能力可发挥至80%～90%。马丁·路德说过:"世界上所做的每一件事都是抱着希望做成的。"人们基于对环境的认识,进而产生了相应的行为,还取决于行为导致预期目标的可能性有多大。

如何利用制定目标来达到激励自己的目的?

(1)在心里确定你的具体理想和目标。一定要具体化、明确化、可视化,一定是能够清楚地看得到的未来。想到那种情景。你能够看到它是怎样的,周围的环境如何,其他人与你的关系等等真实的存在。

（2）认真考虑你将会为之付出的努力和代价。

（3）规定一个固定的日期,努力要在这个期限前实现这个目标。

（4）拟定一个可行性计划,并马上进行。

（5）拿出笔,清清楚楚地把以上内容写出来。

（6）每天两次,大声朗读你写下的计划。第一次在早上起床之后,第二次在晚上睡觉之前。在朗读过程中,你必须努力想象自己已经看到、感觉到和深信你已经实现了目标的场景。

青岛市市南区教育研究中心　松　　梅

学会成长　学会幸福（代后记）

再一次看着青岛市市南区心理老师们八年的心血即将付梓，编撰本书的点滴过往也一一呈现，一个个画面，定格在记忆深处。

本书的孕育出版，得到了青岛市市南区教育体育局的全力支持。青岛市市南区教育体育局一直坚持以立德树人为主旨，以科学育人为主题，以培育和践行社会主义核心价值观为主线，加快率先实现教育体育现代化的步伐，着力打造高品质市南教育体育服务体系，为把市南建设成为国内外一流的宜业宜居幸福城区做出新的贡献。

毫无疑问，优先发展教育、提高教育现代化水平，对国家的发展和强盛都具有决定性意义。那么，究竟该如何提高教育现代化水平？如何推动教育事业科学发展？理性探讨与实践证明：根本要靠改革创新，关键要靠科研引领。

正是在这样的背景下，青岛市市南区教育研究中心立足为区域教育实践指导服务的宗旨，开展了"基于学生发展核心素养的区域品质教育研究""区域协同促进中小学课程建设的实践研究""区域推进特色课程建设的行动研究""互联网＋背景下的优质学习资源建设与应用研究"等系列工作，本书就是在行动学习的过程中应运而生。

陶行知先生说过："我们深信生活是教育的中心。生活教育是给生活以教育，用生活来教育，为生活向前向上的去要而教育。教育要通过生活才能发出力量而成为真正的教育。"青岛市市南区的心理教师在区域教学法的实施过程中，在教学中利用各种心理体验活动，将学生课堂学习间接经验与现实生活直接经验结合起来，将课堂学习与生活实践结合起来，构建了各种学生感兴趣并且主动进行的学习活动，把生活世界提供给学生进行深入理解和体验，使他们在与生活世界的链接中，感受到生命的意义，促进个性发展。教育教学过程本身就是师生创造生存意义的生命活动过程，是使学生不断完善自身的过程。

在本书的编撰过程中，青岛市市南区教育局王轶强局长全程关注，市南区教育研究中心主任的王红副局长亲自审稿，青岛市教科院吕海娥老师饱含深情默默支持，教育中心的刁丽霞、冯骋等副主任及关茜主任多次过问进程，杨希婷主席、王红梅主任更是亲历本书的送审过程。另外，卢芳、金继翔、郭琳、侯春萍、盛晓文、史玉华、王珺、魏彩艳、徐洪翠、朱华、李建、刘瑞芝、王晓萍、王静、臧晓文和崔倩等诸位老师提供了一些非常有价值的建议，他们为本书的出版起到了重要的作用，在此表示感谢。同时感谢的还有每一位作者，以及我们市南区的所有家长和孩子们！

　　当前中西方关于教育有一个共识就是我们都想培养未来的人，我们的教育都在为未来做准备，面向未来，我们学会成长，学会幸福，不忘初心，继续前行！

　　也希望读到此处的您，健康、平安、快乐、幸福！

松　梅

2017 年 5 月